Mon Premier Larousse

Le dictionnaire des 4-7 ans

LAROUSSE

Un premier dictionnaire

Mon premier Larousse est un vrai dictionnaire, spécialement conçu pour les enfants de la maternelle et du CP

Mon premier Larousse aide à préciser le sens des mots. Ces mots que les enfants emploient ou entendent sans toujours en connaître la réelle signification. Il permet d'enrichir leur vocabulaire et de mieux répondre à leurs questions.

• Les textes sont écrits dans une langue simple et concrète, avec le souci permanent d'être vraiment compris par les enfants.

Les termes employés sont, à de rares exceptions près, eux-mêmes définis dans ce dictionnaire.

Les exemples ont été choisis, le plus souvent possible, dans l'univers des 4-7 ans (famille, amis, école…).

Lorsque le cas se présente, les différents sens d'un même mot sont donnés.

• Les enfants de cet âge n'ayant pas encore besoin de connaître les règles de grammaire, les catégories grammaticales et les conjugaisons ne sont pas mentionnées.

En revanche, les adjectifs qualificatifs et les noms de métier sont présentés au masculin et au féminin car, le plus souvent, ils ne se prononcent pas de la même manière.

Le pluriel des noms et des adjectifs n'est indiqué que lorsque leur terminaison ne produit pas le même son, au pluriel et au singulier.

• Chaque exemple est illustré par une image qui propose une petite mise en scène amusante aidant à la compréhension du mot.

• Les planches encyclopédiques sont illustrées de dessins réalistes qui permettent aux enfants d'identifier précisément les différents animaux, arbres, fruits...

• Chaque lettre de l'alphabet débute par un grand dessin regroupant des mots qui commencent par cette lettre. L'enfant peut s'amuser à les identifier et à les retrouver dans le dictionnaire.
Il s'agit toujours de mots qui y sont définis.

Comment utiliser ce dictionnaire ?

Pour les plus jeunes...

Le jeune enfant qui ne sait pas encore lire découvrira ce livre en compagnie d'un adulte qui l'aidera à rechercher :

- un mot dont il ne comprend pas le sens,
- un mot connu qu'il aura plaisir à voir illustrer,
- un mot qu'il désire recopier...

Il pourra également parcourir cet ouvrage seul, grâce aux illustrations. Les images racontent en effet des histoires qui donnent à chacun des mots toute sa signification.

Pour les apprentis lecteurs...

Mon premier Larousse s'adresse aussi au jeune enfant qui apprend à lire. Par la concision de ses textes, la précision et la simplicité de son vocabulaire, cet ouvrage est parfaitement adapté aux premières lectures.

Rédaction :
Pascale Cheminée, linguiste,
avec les conseils de Laurence Lentin, linguiste,
spécialiste de l'apprentissage du langage,
et de Denise Chauvel, conseillère pédagogique pour les écoles maternelles.

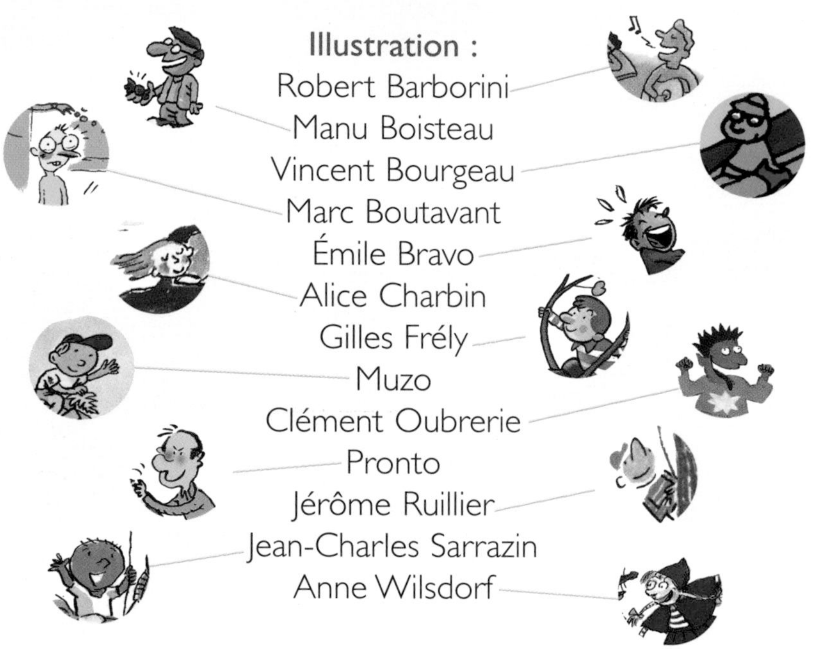

Illustration :
Robert Barborini
Manu Boisteau
Vincent Bourgeau
Marc Boutavant
Émile Bravo
Alice Charbin
Gilles Frély
Muzo
Clément Oubrerie
Pronto
Jérôme Ruillier
Jean-Charles Sarrazin
Anne Wilsdorf

Illustration de couverture : Émile Bravo
Planches encyclopédiques : Archives Larousse et Michel Saemann

Direction de la publication : Franck Girard
Direction éditoriale : Françoise Vibert-Guigue, Nathalie Weil
Lecture-correction : Annick Valade,
assistée de Monique Bagaïni, Isabelle Fiévet-Rossignol, Jacqueline Peragallo
Fabrication : Annie Botrel
Conception graphique et réalisation : Double

abeille

L'abeille est un insecte qui fait du miel.
*Les **abeilles** volent de fleur en fleur ; avec le sucre des fleurs, elles fabriquent le miel dans leurs ruches.*

—

abîmer

Quelque chose qui est abîmé est moins joli qu'avant, parfois même, on ne peut plus s'en servir.
*Le chat a griffé le sac ; il l'a **abîmé**.*

—

abri

Un abri est un endroit où l'on est bien protégé. S'abriter, c'est se mettre à l'abri.
*Il pleut ; Marc et Louise sont à l'**abri** sous un parapluie.*

absent, absente

Une personne absente est une personne qui n'est pas là.
*Plusieurs enfants sont **absents** de la classe parce qu'ils sont malades.*

—

accélérer

Accélérer, c'est aller plus vite.
*Au volant de sa voiture, le conducteur **accélère** pour dépasser le camion.*

—

accepter

Accepter, c'est être d'accord.

*Léo est content ; son papa a **accepté** de jouer avec lui après le dîner.*

B C D E F G H I J K L M N O P Q R S T U V W X Y Z

accident

Quand les voitures vont trop vite, il y a des accidents.

Il y a eu un ***accident*** *sur la route, l'ambulance arrive.*

accompagner

Accompagner quelqu'un, c'est aller avec lui quelque part.

Marie-Hélène ***accompagne*** *ses deux enfants à l'école.*

accordéon

Un accordéon est un instrument que l'on attache aux épaules pour jouer de la musique.

Le musicien joue une valse sur son ***accordéon****.*

accoucher

Quand une femme accouche, elle donne naissance à son bébé.

*Joséphine vient d'****accoucher*** *; elle a eu une petite fille.*

s'accroupir

Quand on est accroupi, on est assis sur ses talons.

*Carlos s'****accroupit*** *pour jouer aux billes.*

acheter

Acheter, c'est choisir une chose et la payer.

Le papa de Camille et de Jonathan leur a ***acheté*** *une surprise !*

acide

Quelque chose qui est acide a un goût piquant.

Le citron et le vinaigre sont ***acides****.*

acrobate

Un acrobate peut marcher sur les mains. Il peut aussi sauter d'un trapèze à l'autre sans tomber.
Il y a souvent des ***acrobates*** *dans les cirques.*

—

addition

Quand on fait une addition, on fait un calcul, on ajoute.
Léa avait 1 bonbon, Marc lui en a donné 2, elle en a maintenant 3.
1 + 2 = 3 est une ***addition****.*

—

adopter

Adopter un enfant, c'est devenir son papa et sa maman.
Monsieur et madame Lacroix ont ***adopté*** *un petit garçon qui n'avait plus de parents.*

—

adorer

Adorer, c'est aimer beaucoup.
Clément ***adore*** *le chocolat.*

adresse

L'adresse de quelqu'un, c'est l'endroit où il habite.
*Pour écrire l'****adresse*** *d'une personne, on met son nom, le numéro et le nom de sa rue, le nom de sa ville.*

—

adroit, adroite

Quand on est adroit, on sait très bien se servir de ses mains.
Pierre a fait une maquette d'avion : il est très ***adroit****.*

—

adulte

Un adulte est une grande personne.
Avant d'être des ***adultes****, tous les parents et les grands-parents ont été des enfants.*

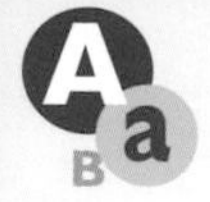

aéroport

Un aéroport est l'endroit d'où les avions décollent et où ils atterrissent.
*Maurice rentre de voyage ; ses parents l'attendent à l'**aéroport**.*

affectueux, affectueuse

Quelqu'un d'affectueux est tendre et gentil.
*Lola est une enfant **affectueuse** ; elle aime faire des câlins.*

affiche

Une affiche est une grande feuille de papier que l'on colle sur les murs.
*Mélanie a vu une **affiche** qui annonçait l'arrivée d'un cirque dans sa ville.*

affreux, affreuse

Ce qui est affreux n'est pas beau du tout.
*Théo est **affreux** quand il fait des grimaces ; Alice ne veut plus le regarder !*

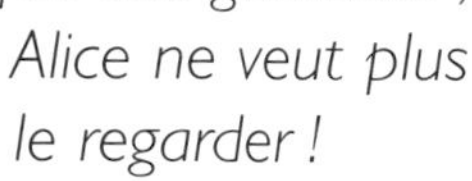

agacer

Agacer quelqu'un, c'est l'énerver.
*Nif-Nif et Naf-Naf se battent tout le temps ; ils **agacent** leur maman.*

s'agenouiller

S'agenouiller, c'est se mettre à genoux.
*Pierre s'**agenouille** pour chercher la bille qu'il a perdue.*

agité, agitée

On dit que quelqu'un est agité quand il n'arrête pas de bouger.
*Les enfants sont souvent **agités** juste avant d'aller se coucher.*

agréable

On trouve agréable ce qui plaît, ce qu'on aime bien.
*Se baigner quand il fait très chaud, c'est très **agréable**.*

agressif, agressive

Une personne ou un animal agressifs attaquent les autres sans raison.
Médor cherche toujours la bagarre ; il est très ***agressif****.*

agriculteur, agricultrice

Un agriculteur cultive la terre et vit dans une ferme.
Les ***agriculteurs*** *font pousser du blé, des légumes, des fruits ; ils élèvent des vaches.*

aider

Aider quelqu'un, c'est faire quelque chose d'utile pour lui.
*Joseph a fait des courses ; son fils l'****aide*** *à décharger la voiture.*

aigle

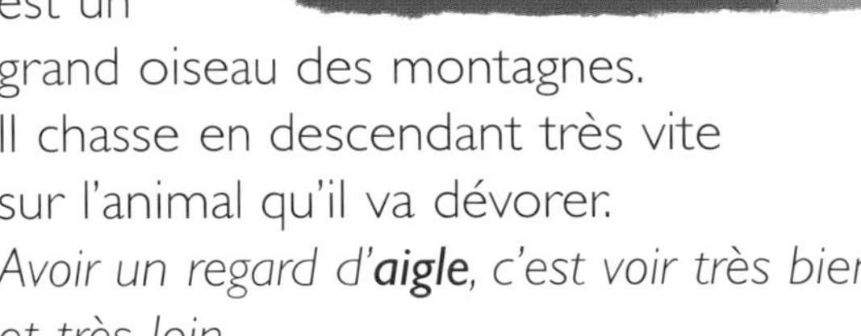

Un aigle est un grand oiseau des montagnes. Il chasse en descendant très vite sur l'animal qu'il va dévorer.
*Avoir un regard d'****aigle****, c'est voir très bien et très loin.*

aiguille

1. Une aiguille est une petite tige de métal très fine et très pointue qui sert à coudre.
*L'****aiguille*** *a un petit trou pour passer le fil.*
2. Sur les pendules, il y a deux aiguilles qui tournent.
La petite ***aiguille*** *marque les heures, la grande* ***aiguille*** *marque les minutes.*
3. Les aiguilles sont aussi les feuilles fines et pointues du sapin.
Joachim s'est piqué le doigt sur une ***aiguille*** *de sapin.*

aile

Les ailes servent à voler.
Les oiseaux, les mouches, les moustiques, les papillons ont des ***ailes*** *qu'ils agitent pour voler.*

aimer

1. Quand on aime quelqu'un, on est toujours content qu'il soit là, on pense à lui souvent.
*Zoé **aime** beaucoup Jessica ; elle joue toujours avec elle ; c'est sa meilleure amie.*
2. Aimer une chose, c'est la trouver très agréable.
*Clara **aime** beaucoup jouer.*

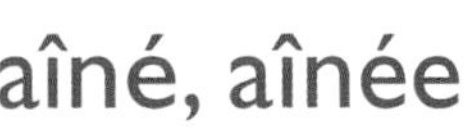

aîné, aînée

L'aîné, c'est le premier enfant qui est né dans une famille.
*L'**aîné** de la famille Dupuis a sept ans.*

air

1. L'air, c'est ce que l'on respire.
*Sans **air**, on ne peut pas vivre.*
2. Un air, c'est la musique d'une chanson.
*Marius joue l'**air** de « Frère Jacques » à l'accordéon.*

ajouter

Ajouter, c'est mettre quelque chose en plus.
*Pour faire des crêpes, il faut mélanger de la farine et des œufs puis **ajouter** du sucre et du lait.*

album

Un album est une sorte de gros cahier ; c'est aussi un grand livre avec des images.
*Léo regarde dans l'**album** des photos de sa maman quand elle était bébé.*

algue

Les algues sont des plantes qui poussent dans l'eau.
*Les **algues** n'ont pas de fleurs et pas de racines. Elles sont parfois très longues.*

aligné, alignée

Quand on est aligné, on est en ligne.
*Les enfants sont **alignés** pour faire la course.*

alimentation

L'alimentation, c'est tous les produits que l'on mange.
*Une boulangerie, une boucherie sont des magasins d'**alimentation**.*

allée

Une allée est un chemin dans un jardin ou dans un parc.
*Les enfants jouent dans l'**allée**.*

aller

1. Aller quelque part, c'est marcher ou se déplacer jusque-là.
*Thomas et Alice demandent à Marcus d'**aller** à la plage avec eux.*
2. Aller bien ou mal, c'est se porter bien ou mal.
*Marcus ne **va** pas très bien.*
3. S'en aller, c'est partir.
*Thomas et Alice s'en **vont** ; ils reviendront voir Marcus plus tard.*

s'allonger

S'allonger, c'est se coucher.
*Après un bain de mer, on s'**allonge** sur le sable pour se sécher au soleil.*

allumer

1. Allumer, c'est mettre en marche un appareil électrique.
*Pierre **allume** une lampe pour y voir plus clair.*
2. Allumer quelque chose, c'est l'enflammer.
*Christophe a **allumé** une allumette.*

alphabet

L'alphabet, c'est les 26 lettres qui servent à lire et à écrire.
*Les lettres de l'**alphabet** sont toujours classées dans le même ordre : de la lettre A à la lettre Z.*

ambiance

Quand tout le monde s'entend bien, il y a une bonne ambiance.
*Il y a une bonne **ambiance** au goûter d'anniversaire d'Arthur.*

amer, amère

Ce qui est amer a un goût désagréable et fait faire des grimaces.
*Les enfants trouvent les endives et le café **amers**.*

amitié

On a de l'amitié pour ses amis, c'est-à-dire qu'on les aime beaucoup.
*Carla est très contente de revoir Paul : elle a beaucoup d'**amitié** pour lui.*

amour

L'amour, c'est ce que l'on a dans son cœur pour quelqu'un ou quelque chose que l'on aime énormément.
*Le grand-père regarde ses petits-enfants avec **amour**.*

amoureux, amoureuse

Quand on est amoureux de quelqu'un, on l'aime, on voudrait être toujours avec lui.
*Arnaud est très **amoureux** de Nadine.*

s'amuser

S'amuser, c'est avoir du plaisir à jouer ou à faire quelque chose.

*Les enfants jouent à cache-cache ; ils s'**amusent** bien !*

an

Dans un an, il y a 365 jours ; c'est le temps que la Terre met pour tourner autour du Soleil.
*Le premier de l'**an**, c'est le 1er janvier.*

ananas

Un ananas est un gros fruit sucré.
*Les **ananas** poussent sur une plante des pays chauds.*

âne

Un âne est un animal au poil gris ou brun, qui a de longues oreilles.
*L'**âne** ressemble à un petit cheval.*

---

ange

1. Dans certaines religions, un ange est un messager de Dieu.
*On dessine les **anges** avec deux ailes et une longue robe.*
2. C'est aussi un petit nom gentil que l'on donne à quelqu'un qu'on aime bien.
*Monique appelle son fils « mon petit **ange** » !*

animal, animaux

Un animal est un être vivant qui peut se déplacer.
Un animal doit manger pour vivre.

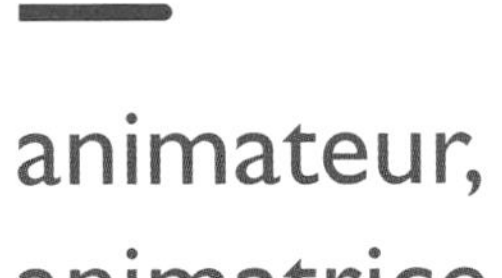

*Les oiseaux, les chats, les insectes, les poissons, les escargots sont des **animaux**.*

---

animateur, animatrice

Un animateur est quelqu'un qui s'occupe d'un groupe de personnes.
*Au centre aéré, les enfants font des jeux avec une **animatrice**.*

---

année

Il y a douze mois dans une année.

B C D E F G H I J K L M N O P Q R S T U V W X Y Z

anniversaire

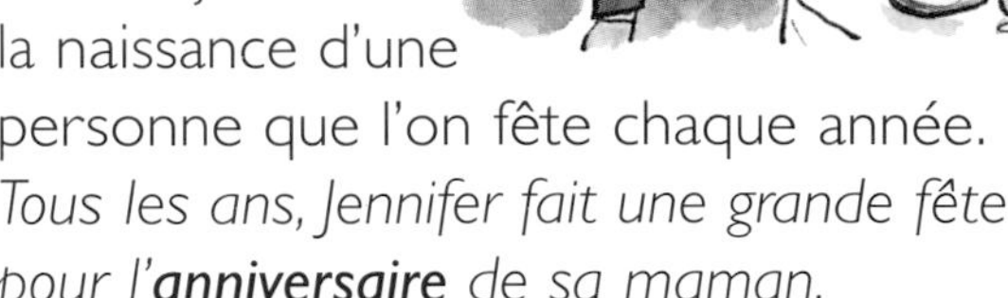

L'anniversaire, c'est le jour de la naissance d'une personne que l'on fête chaque année.
*Tous les ans, Jennifer fait une grande fête pour l'**anniversaire** de sa maman.*

apercevoir

Apercevoir, c'est voir de loin.
*Paul **aperçoit** un voilier sur la mer.*

appartement

Un appartement, c'est plusieurs pièces où l'on vit, à l'intérieur d'un immeuble.
*Anna habite dans un grand **appartement**.*

appartenir

Si quelque chose appartient à quelqu'un, cela veut dire que c'est à lui.
*Ce livre **appartient** à Éric.*

appel

Quand on fait l'appel, on appelle chaque personne par son nom pour savoir si elle est bien là.
*À l'école, la maîtresse fait l'**appel** tous les jours.*

appeler

1. Quand on appelle quelqu'un, on dit son nom, on lui demande de venir.
*Sophie **appelle** Léo pour qu'il vienne goûter.*
2. C'est aussi avoir un nom.
*La maman de Léo s'**appelle** Sophie.*

appétissant, appétissante

Une chose appétissante donne très envie de la manger.
*Le papa de Nicolas a préparé un déjeuner très **appétissant** !*

appétit

On a de l'appétit quand on a envie de manger.
*Nicolas a un **appétit** d'ogre !*

s'appliquer

S'appliquer, c'est faire très attention à ce qu'on fait pour que cela soit le mieux possible.
*Julie s'**applique** à faire un joli dessin.*

apporter

Apporter, c'est porter quelque chose à un endroit.
*Clément **apporte** ses billes à l'école.*

apprendre

Apprendre, c'est découvrir, connaître quelque chose qu'on ne savait pas avant.
*Marion **apprend** à faire du vélo.*

apprivoiser

Apprivoiser, c'est apprendre à un animal à ne pas avoir peur des gens.
*Luc a **apprivoisé** un oiseau.*
L'oiseau vient manger dans sa main.

approcher

Approcher, c'est venir plus près.
*Les enfants s'**approchent** du maître pour entendre l'histoire qu'il va raconter.*

appuyer

1. Quand on appuie sur quelque chose, on pousse dessus.
*Lisa **appuie** sur le bouton de la sonnette.*
2. S'appuyer, c'est prendre appui, se tenir à quelque chose.
*Marc s'**appuie** contre un arbre pour se reposer.*

aquarium

Un aquarium est un bac en verre pour les poissons.
*Dans cet **aquarium**, il y a de l'eau, du sable, des plantes et des poissons rouges.*

araignée

Une araignée est un petit animal à huit pattes.

*Les **araignées** tissent des toiles pour attraper les bêtes qu'elles mangent.*

arbre

Un arbre a un tronc, des branches, des feuilles et des racines.

*Jonathan a deux grands **arbres** dans son jardin.*

---

arc

Un arc est une arme avec laquelle on lance des flèches.

*Autrefois, les Indiens chassaient les bisons avec des **arcs**.*

arc-en-ciel

Un arc-en-ciel est un demi-cercle de toutes les couleurs, qu'on voit dans le ciel.

*On voit un **arc-en-ciel** quand le soleil brille à travers les gouttes de pluie.*

---

arête

Les arêtes sont les os des poissons.

*Les poissons de rivière ont beaucoup d'**arêtes**.*

---

argent

1. L'argent sert à payer ce qu'on achète.

*L'**argent**, c'est des pièces et des billets.*

2. C'est aussi un métal précieux, gris et brillant.

*Beaucoup de bijoux sont en **argent**.*

---

arme

Avec les armes, on se bat ou on chasse.

*Un pistolet, un couteau, un arc, un fusil sont des **armes**.*

armure

Une armure est une sorte de costume en fer qui servait autrefois à se protéger pendant les combats.
Les chevaliers portaient des ***armures****.*

arracher

Arracher, c'est enlever quelque chose en tirant très fort.
Le jardinier ***arrache*** *les mauvaises herbes.*

arrêter

1. Arrêter, c'est ne plus faire ce que l'on faisait jusque-là.
Robert a ***arrêté*** *de fumer depuis un mois.*
2. Arrêter quelqu'un, c'est le prendre et le mettre parfois en prison.
Le policier a ***arrêté*** *un voleur.*

3. S'arrêter, c'est ne plus avancer.
Le train s'est ***arrêté*** *en gare.*

arrière

L'arrière, c'est l'endroit qui est derrière.
*On met les enfants à l'****arrière*** *de la voiture.*

arrivée

1. L'arrivée, c'est le moment où l'on arrive.
Dès son ***arrivée*** *chez sa grand-mère, Alice téléphonera à son papa.*

2. C'est aussi l'endroit où l'on arrive.
*Les coureurs franchissent la ligne d'****arrivée****.*

arriver

1. Arriver, c'est être à l'endroit où l'on allait.
Isabelle ***arrive*** *à la plage.*
2. Quand il arrive quelque chose, c'est qu'il se passe quelque chose.
Luc est très sale, sa maman lui demande ce qui lui est ***arrivé****.*

arroser

Arroser, c'est verser de l'eau.
Pour faire pousser des plantes, il faut les ***arroser****.*

arrosoir

L'arrosoir sert à verser de l'eau sur les plantes.
Sébastien arrose les salades avec un ***arrosoir****.*

artichaut

L'artichaut est un légume qui ressemble à une grosse fleur verte.
On mange le cœur des ***artichauts****.*

aspirer

1. Aspirer, c'est faire entrer de l'air dans ses poumons.
Respirer, c'est ***aspirer*** *puis souffler de l'air.*
2. C'est aussi attirer un liquide dans sa bouche.
Lise ***aspire*** *du jus de pomme avec une paille.*
3. C'est aussi attirer quelque chose dans un appareil.
L'aspirateur ***aspire*** *la poussière.*

s'asseoir

S'asseoir, c'est se poser sur ses fesses.
*Quand on est fatigué, on est content de s'****asseoir*** *pour se reposer.*

astronaute

Un astronaute est une personne qui voyage dans l'espace.
*L'****astronaute*** *est monté dans la fusée.*

astronome

Un astronome est un savant qui observe le ciel et l'espace.
Les ***astronomes*** *découvrent parfois de nouvelles planètes dans l'espace.*

atelier

L'atelier
du menuisier
ou du peintre
est l'endroit où ils travaillent.
*Le menuisier fabrique des meubles dans son **atelier**.*

attacher

Attacher, c'est faire
tenir quelque chose,
par exemple avec un nœud.
*Camille devrait **attacher** ses lacets !*

attaquer

Quand on attaque, on est
le premier à donner
des coups, on
commence la bagarre.
*Lucien a peur :
Joseph n'arrête pas
de l'**attaquer**.*

attendre

Quand on attend,
on reste au même
endroit jusqu'à ce que
quelqu'un ou quelque
chose arrive.
*François **attend** Claire.*

attention

Quand on fait attention, on regarde ce qu'on fait, on écoute bien, on s'applique, on ne fait pas n'importe quoi.
*Marc doit faire **attention** en traversant la rue.*

atterrir

Quand un avion atterrit,
il se pose sur la piste d'atterrissage.
*Le pilote a sorti les roues ; l'avion va **atterrir**.*

attraper

Attraper, c'est réussir à prendre
quelque chose ou quelqu'un.
*Le pêcheur a **attrapé** un gros poisson.*

aubergine

L'aubergine est un légume long à peau violette.
*Dans la ratatouille, il y a des **aubergines**, des poivrons, des courgettes, des tomates et des oignons.*

aujourd'hui

Aujourd'hui, c'est le jour où l'on est.
*Demain, c'est le jour après **aujourd'hui.***
*Hier, c'est le jour avant **aujourd'hui**.*

autant

Autant, c'est la même quantité ou le même nombre.
*La boulangère a donné **autant** de bonbons à Camille qu'à Jonathan.*

auteur

L'auteur, c'est la personne qui a écrit le livre.
*L'**auteur** du « Petit Chaperon rouge » s'appelle Charles Perrault.*

automatique

Une chose est automatique, quand elle se fait toute seule.
*Dans les trains, la fermeture des portes est **automatique**.*

automobiliste

Un automobiliste est une personne qui conduit une automobile, une voiture.
*L'**automobiliste** a ouvert sa vitre pour demander son chemin.*

autoroute

Une autoroute est une large route en deux parties.
*Sur chaque partie de l'**autoroute**, les voitures roulent toutes dans le même sens.*

autour

Être autour de quelque chose ou de quelqu'un, c'est l'entourer.
*Les enfants courent **autour** de Nicolas.*

autrefois

Autrefois, c'est il y a très longtemps.
***Autrefois**, il n'y avait pas de voitures à moteur.*

autrement

Autrement, c'est d'une autre façon.
*Serge a sali ses beaux vêtements en jouant dans la boue ; la prochaine fois, sa maman l'habillera **autrement**.*

autruche

Une autruche est un gros oiseau qui court très vite, mais qui ne peut pas voler.
*Les **autruches** ont des ailes faites de longues plumes blanches.*

avalanche

Une avalanche, c'est beaucoup de neige qui se détache brusquement de la montagne et qui entraîne tout sur son passage.

*Les skieurs doivent faire attention aux **avalanches**.*

avaler

Avaler, c'est faire passer ce qu'on mange ou ce qu'on boit de la bouche dans l'estomac.
*Léo n'aime pas **avaler** les pépins de raisin.*

avancer

1. Avancer, c'est aller vers l'avant.
*Avec cette neige, Tom et son papa n'**avancent** pas bien vite.*
2. C'est aussi aller trop vite.
*La pendule de l'école **avance** de dix minutes.*

avant

1. Avant, c'est ce qui est en premier.
*Luc habite l'immeuble qui est juste **avant** celui d'Elsa.*
2. C'est aussi ce qui se passe d'abord.
*Le printemps est **avant** l'été.*

---

aventure

Une aventure est quelque chose d'extraordinaire qui arrive à quelqu'un.
*Le livre préféré de Louise raconte les **aventures** d'une petite fille sur la Lune.*

---

averse

Quand il pleut tout d'un coup et pas longtemps, on dit que c'est une averse.

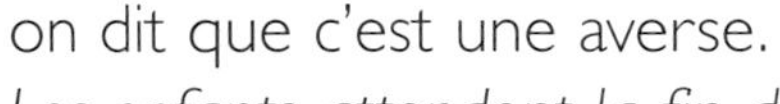

*Les enfants attendent la fin de l'**averse**.*

---

avertir

Avertir, c'est prévenir de quelque chose d'important.
*Le maître a **averti** les enfants qu'il n'y aurait pas classe le jour de la fête de l'école.*

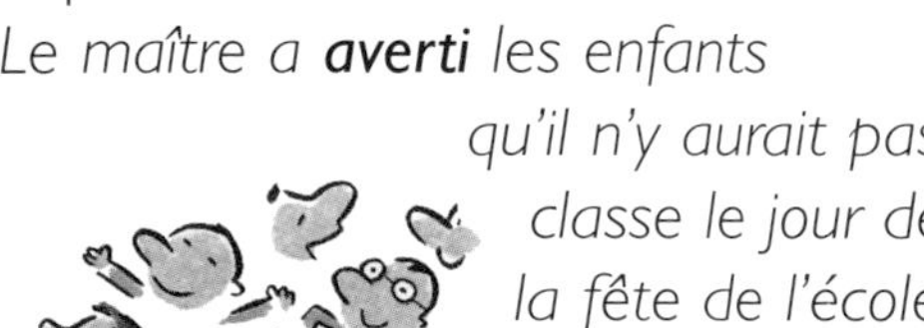

aveugle

Un aveugle est une personne qui ne voit pas.
*Les **aveugles** ont un alphabet spécial. Ils peuvent lire en touchant les lettres avec leurs doigts.*

---

avion

Un avion est une machine qui vole.
Il a un ou plusieurs moteurs et des ailes.
*Les **avions** volent souvent à 10 kilomètres au-dessus de la Terre, à une très grande vitesse.*

---

avocat

L'avocat est un fruit que l'on mange souvent salé.
*L'**avocat** pousse dans les pays chauds ; il a une peau verte et un gros noyau.*

---

avocat, avocate

Un avocat est une personne qui défend les accusés.
*Les personnes qui ont fait quelque chose de mal sont jugées par un tribunal et sont défendues par un **avocat**.*

bagage

Les bagages sont les sacs et les valises qu'on emporte en voyage.
*Mathieu part en classe verte ; il a beaucoup de **bagages**.*

bagarre

La bagarre, c'est quand des personnes se battent avec d'autres personnes.
*C'est Marc qui a commencé la **bagarre** !*

bague

Une bague est un bijou qu'on porte au doigt.
*Jeanne porte des **bagues** à chaque doigt.*

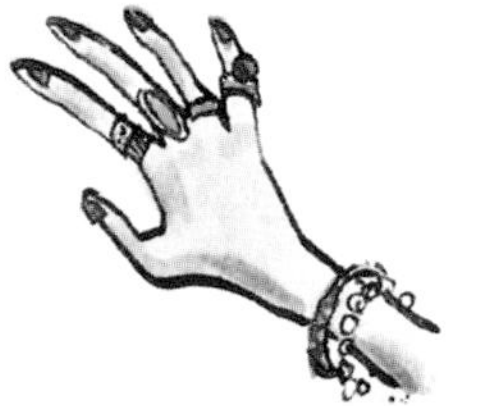

baguette

1. Une baguette est un petit bâton.
*Avec sa **baguette** magique, la fée transforme le crapaud en prince charmant.*
2. Une baguette est un pain mince et allongé.
*Les enfants ont mangé toute la **baguette** au petit déjeuner.*

bâiller

Bâiller, c'est ouvrir grande la bouche en aspirant et en soufflant.
*On **bâille** quand on a sommeil ou quand on a faim.*

baisser

1. Baisser quelque chose, c'est le mettre plus bas.
Quand il fait chaud dans une voiture, on ***baisse*** *les vitres.*
2. C'est aussi devenir plus bas.
La température ***baisse*** *; il fait plus froid.*

3. Se baisser, c'est se pencher vers le bas.
Clémence se ***baisse*** *pour attacher ses lacets.*

bal

Un bal est une fête où l'on danse.
L'été, il y a souvent des ***bals*** *dans les villages.*

balance

Une balance sert à peser.
La marchande a mis les fruits sur le plateau de la ***balance****.*

se balancer

Quand on se balance, on bouge dans un sens, puis dans l'autre.
Alexandre se ***balance*** *sur sa chaise.*

balayer

Balayer, c'est nettoyer le sol avec un balai.
Chaque soir, le menuisier ***balaie*** *son atelier.*

balcon

Un balcon est un endroit devant une fenêtre entouré de barreaux.
Quand il fait chaud, Roméo et ses parents prennent le petit déjeuner sur le ***balcon****.*

baleine

La baleine est le plus gros de tous les animaux ; elle vit dans la mer.
La ***baleine*** *vit dans la mer, mais ce n'est pas un poisson : elle porte ses petits dans son ventre et elle les nourrit avec son lait.*

balle

Une balle est une boule qui rebondit quand on la lance.
*Un ballon est une grosse **balle** ronde ou ovale.*

banane

La banane est un fruit des pays chauds, de forme allongée. Elle a une peau jaune et épaisse.
*Les **bananes** poussent en grosses grappes sur les bananiers.*

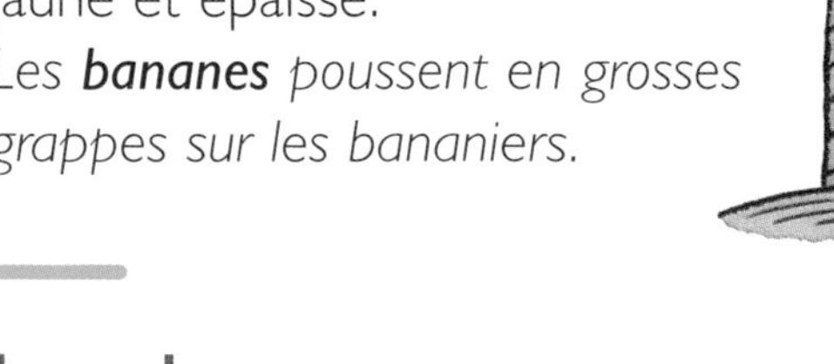

bande

1. Une bande est un groupe de personnes ou d'animaux.
*Les loups chassent en **bande**.*
2. C'est aussi un long morceau de papier ou de tissu.
*Luc s'est foulé la cheville, le docteur lui met une **bande**.*

bande dessinée

Une bande dessinée est une histoire racontée en dessins avec des bulles.
*« Tintin », « Astérix » sont des personnages de **bandes dessinées**.*

banlieue

La banlieue, c'est toutes les villes qui entourent une grande ville.
*Avant d'arriver à Paris, on traverse sa **banlieue**.*

banque

Une banque s'occupe de l'argent que les personnes y déposent.
*Caroline et Thomas sont trop jeunes pour avoir un compte en **banque**.*

barbe

La barbe, ce sont les poils qui poussent sur le menton et les joues des hommes.
*Le père Noël a une longue **barbe** blanche.*

barque

Une barque est un petit bateau qu'on fait avancer avec des rames.

*Un pêcheur a emmené Éric faire un tour en **barque**.*

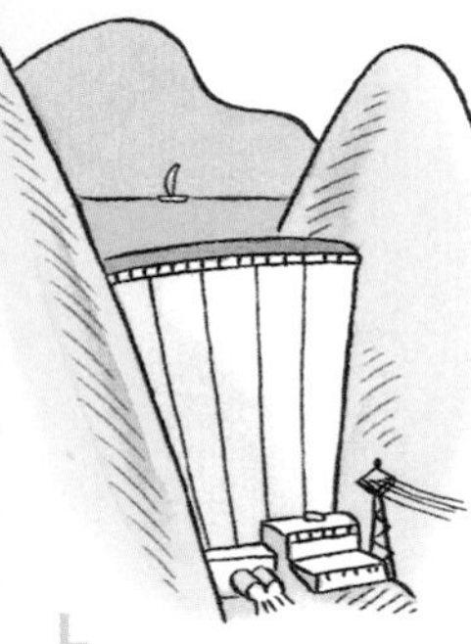

barrage

Un barrage est une grande construction qui retient l'eau d'une rivière.

*Les **barrages** servent à donner de l'eau à une région ou à fabriquer de l'électricité.*

barrière

Une barrière empêche de passer.

*La vache ne peut pas sortir du champ car il est entouré d'une **barrière**.*

bas, basse

1. Quelque chose de bas ne s'élève pas beaucoup au-dessus du sol.

*Le plafond de cette pièce est **bas**.*

2. Quand on parle tout bas, on ne parle pas fort.

*Les enfants parlent à voix **basse** dans leurs lits.*

3. Quand la mer est basse, elle s'est retirée au loin.

*Quand la mer est **basse**, il faut beaucoup marcher pour aller se baigner.*

bateau

Un bateau sert à se déplacer sur l'eau.

*Les barques, les voiliers, les paquebots, les pétroliers, les chalutiers, les pirogues… sont des **bateaux**.*

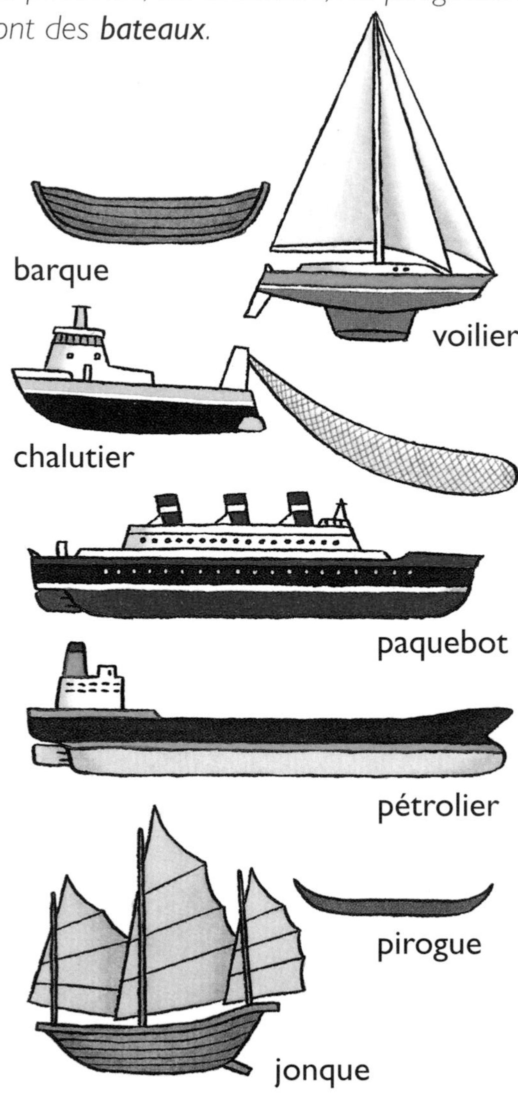

bâtiment

Un bâtiment est une grande construction.
*Un immeuble, un hangar, une maison sont des **bâtiments**.*

bâtir

Bâtir, c'est faire une construction.
*Le maçon **bâtit** une nouvelle maison.*

bâton

Un bâton est un bout de bois rond, long et fin.
*Avec son **bâton**, le berger fait avancer les moutons sur le chemin.*

battre

1. Battre, c'est frapper une personne ou un animal.
*Pierre et Jean se **battent** pour un sac de billes.*
2. Quand on a le cœur qui bat, on le sent cogner dans sa poitrine.
*Quand on court ou quand on a peur, on a le cœur qui **bat**.*

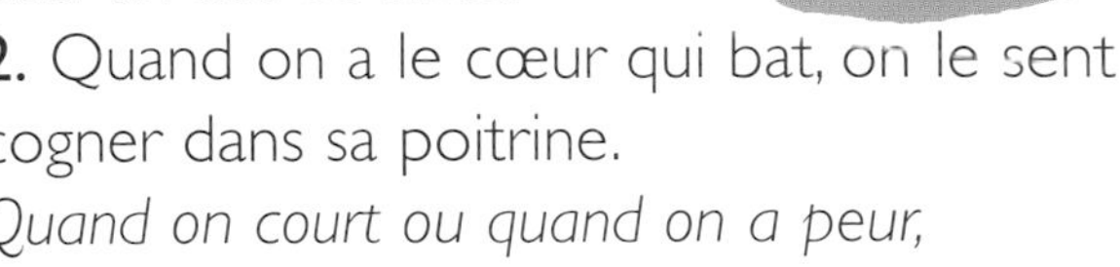

bavard, bavarde

Une personne bavarde n'arrête pas de parler.
*Luc est tellement **bavard** qu'il n'a pas encore fini de manger !*

baver

Baver, c'est laisser couler sa salive.
*Les petits bébés **bavent** beaucoup quand ils font leurs premières dents.*

beau, belle

1. Ce qui est beau est agréable à regarder ou à entendre.
*Julien est un **beau** garçon. Marine a une très belle voix.*
2. C'est aussi ce qui est agréable.
*Quel **beau** temps et comme il fait bon se promener !*

beaucoup

1. Beaucoup, c'est en grande quantité.
*Il y a **beaucoup** de monde dans les rues, le samedi.*
2. Beaucoup veut dire aussi énormément.
*Véronique aime **beaucoup** les glaces.*

beau-père

1. Le beau-père est le père du mari ou de la femme.
*Le père de la maman est le **beau-père** du papa, le père du papa est le **beau-père** de la maman ; ils sont les grands-pères des enfants.*
2. Le beau-père, c'est aussi le nouveau mari de la mère d'un enfant.
*C'est le **beau-père** d'Amélie qui vient la chercher à l'école.*

bec

Le bec est la bouche très dure et pointue des oiseaux.
*La poule tient un ver dans son **bec**.*

bélier

Un bélier est un mouton qui peut faire des petits à une brebis.
*Parfois, les **béliers** se battent, cornes contre cornes.*

belle-mère

1. La belle-mère est la mère du mari ou de la femme.
*La mère de la maman est la **belle-mère** du papa, la mère du papa est la **belle-mère** de la maman ; elles sont les grands-mères des enfants.*
2. La belle-mère, c'est aussi la nouvelle femme du père d'un enfant.
*Thibault voit sa **belle-mère** quand il va chez son père.*

bercer

Bercer, c'est balancer tout doucement.

*La maman **berce** son bébé pour l'endormir.*

berger, bergère

Un berger est une personne qui s'occupe d'un troupeau de moutons.

*Le **berger** garde ses moutons avec son chien.*

besoin

Quand on a besoin de quelque chose, c'est important qu'on l'ait.

*Les plantes, les animaux et les hommes ont **besoin** de manger pour vivre.*

bête

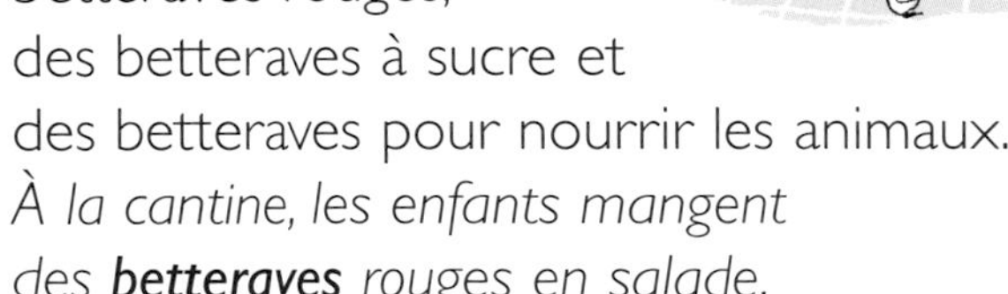

Une bête est un animal.

*Le lion et la girafe sont des **bêtes** sauvages.*

betterave

La betterave est une plante ; il y a des betteraves rouges, des betteraves à sucre et des betteraves pour nourrir les animaux.

*À la cantine, les enfants mangent des **betteraves** rouges en salade.*

beurre

Le beurre est fait avec la crème du lait.

*On se sert du **beurre** pour faire la cuisine. On met du **beurre** sur les tartines, sur les radis.*

Bible

La Bible est le livre sacré des juifs et des chrétiens.

*La **Bible** raconte l'histoire d'Adam et Ève, de Moïse, de Jésus et de beaucoup d'autres personnages.*

bibliothèque

Une bibliothèque est un endroit où l'on peut emprunter des livres.
*Étienne emprunte une BD à la **bibliothèque**.*

biche

La biche est la femelle du cerf et la mère du faon.
*Pour voir une **biche**, il faut se promener dans la forêt très tôt le matin… et avoir beaucoup de chance !*

bidon

Un bidon sert à transporter des liquides.
*Il y a des **bidons** d'huile, des **bidons** d'essence et des **bidons** de lait.*

bientôt

Bientôt, c'est dans très peu de temps.
*Le spectacle va **bientôt** commencer.*

bijou

Un bijou est un objet que l'on porte pour faire joli.
*Les bagues, les colliers, les bracelets, les boucles d'oreilles, les broches sont des **bijoux**.*

bille

Une bille est une petite boule de terre cuite, de verre ou de fer avec laquelle on joue.
*Maxime a gagné cinq **billes** à la récréation.*

billet

1. Un billet est un morceau de papier imprimé avec lequel on paie.
*Il y a des **billets** de 50 francs, de 100 francs, de 200 francs et de 500 francs.*
2. C'est aussi un papier ou un carton imprimé qui prouve qu'on a payé, dans le train ou au cinéma.
*Le contrôleur vérifie les **billets** des voyageurs.*

bison

Un bison est une sorte de gros bœuf sauvage.
*Le **bison** a une bosse sur le cou et une épaisse fourrure de laine sur la tête, le cou et les pattes avant.*

bizarre

Ce qui est bizarre n'est pas comme d'habitude.
*Nicole trouve **bizarre** de ne plus entendre les enfants.*

blé

Le blé est une plante qui a des grains, avec lesquels on fait la farine.
*Les grains de **blé** sont dans un épi.*

se blesser

Se blesser, c'est se faire mal en se coupant, en se cognant, en tombant.
*Thomas s'est **blessé** en tombant avec ses rollers. Il a une blessure au genou.*

bloquer

Bloquer, c'est empêcher de bouger.
*Un gros camion **bloque** la circulation.*

se blottir

Pour se blottir, on se fait tout petit et on se met en boule.
*Benjamin se **blottit** contre son papa.*

boa

Un boa est un grand serpent qui n'a pas de venin.
*Le **boa** s'enroule autour de l'animal qu'il veut manger et il le serre très fort pour le tuer.*

bobine

Une bobine est un objet en bois ou en plastique qui sert à enrouler du fil.
*Dans sa boutique, le cordonnier a de grosses **bobines** de fil.*

---

bocal, bocaux

Un bocal est un pot en verre qui ferme avec un couvercle.
*La grand-mère de Théo apporte des conserves de tomates en **bocaux**.*

---

bœuf

Le bœuf est un taureau qui ne peut pas faire de petits à la vache.
*On élève les **bœufs** pour manger leur viande.*

---

boire

Boire, c'est avaler un liquide.
*Quand il fait chaud, on a soif et on **boit** beaucoup.*

bois

1. Le bois est la matière des arbres.
*Avec le **bois**, on fait des meubles et du papier ; on s'en sert aussi pour faire du feu.*
2. Un bois est un groupe d'arbres qui poussent les uns à côté des autres.
*Un **bois** est plus petit qu'une forêt.*

---

boisson

La boisson, c'est ce qui se boit.
*L'eau, le thé, les jus de fruits, le vin sont des **boissons**.*

---

boîte

Une boîte est faite pour ranger des choses ; elle peut se fermer avec un couvercle.
*Il y a des **boîtes** en bois, en carton, en fer, en plastique.*

boiter

Quand on boite, on marche en penchant d'un côté.
*Julien **boite** parce qu'il s'est fait mal au pied.*

bombe

Une bombe est une arme qui détruit en explosant.
*Pendant la guerre, une **bombe** a détruit le clocher du village.*

bon, bonne

1. Ce qui est bon est très agréable à manger.
*Les bonbons, c'est **bon, bon, bon** !*

2. Ce qui est bon est agréable ou fait plaisir.
*Comme ces roses sentent **bon** !*
3. Quelqu'un qui est bon est quelqu'un de très gentil.
*Une personne très **bonne** pense toujours à tout le monde.*

bond

Un bond est un grand saut.
*Le chien fait un **bond** par-dessus la barrière.*

bondir

Bondir, c'est sauter en l'air.
*Le chat **bondit** sur l'oiseau.*

bonheur

Le bonheur, c'est ce qu'on sent quand on est très heureux.
*Quel **bonheur** de partir en vacances !*

bonhomme, bonshommes

Un bonhomme, c'est un dessin ou une forme qui représente un homme.
*Les enfants ont fait un énorme **bonhomme** de neige dans le jardin.*

bonjour

On dit bonjour quand on rencontre quelqu'un pour la première fois dans la journée.
*« **Bonjour** », dit le Renard. « **Bonjour** », répond poliment le Petit Prince.*

bonsoir

On dit bonsoir quand on rencontre quelqu'un le soir ou qu'on le quitte pour la nuit.
*Avant d'aller se coucher, Myriam dit **bonsoir** à ses parents.*

bord

Le bord de quelque chose, c'est sa limite.
*Le chat marche sur le **bord** de la fenêtre.*

bosse

Une bosse, c'est la peau qui gonfle à l'endroit où l'on s'est cogné.
*Arnaud s'est fait une belle **bosse** en se cognant contre la porte.*

bouc

Le bouc est le mâle de la chèvre.
*Un **bouc** a de grosses cornes, une longue barbe et il sent très fort.*

bouche

Avec la bouche, on parle, on mange, on fait des baisers.
*On met la main devant sa **bouche** quand on bâille.*

boucher

1. Boucher, c'est mettre un bouchon.
*La bouteille était mal **bouchée**, l'encre a coulé partout.*
2. C'est aussi empêcher le passage.
*La rue est **bouchée**, les voitures ne peuvent pas passer.*

boucher, bouchère

Un boucher vend de la viande.
Le magasin du ***boucher*** *s'appelle la boucherie.*

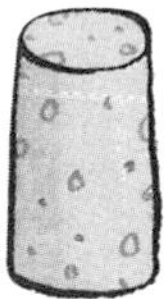

bouchon

Un bouchon sert à boucher.
Pour enlever le ***bouchon*** *d'une bouteille, il faut un tire-bouchon.*

boucle

1. Une boucle est faite pour attacher une ceinture, une sandale, ou pour fermer un sac.
La ceinture d'Elsa a une ***boucle*** *dorée.*
2. C'est aussi ce qui s'enroule en faisant un rond.
Les cheveux d'Elsa font de belles ***boucles*** *brunes.*
3. Les boucles d'oreilles sont des bijoux qu'on accroche aux oreilles.
Elsa porte une paire de ***boucles*** *d'oreilles.*

bouclé, bouclée

Être bouclé, c'est avoir des cheveux qui font des boucles.
Boucle d'Or était toute ***bouclée****.*

bouclier

Un bouclier est une grande plaque en cuir ou en métal qui servait autrefois à se protéger quand on faisait la guerre.
Les chevaliers portaient un casque et un ***bouclier****.*

bouder

Quand on boude, on fait la tête, on veut montrer qu'on n'est pas content.
Quand Joseph aura fini de ***bouder****, les autres enfants pourront peut-être s'amuser !*

boue

La boue, c'est de la terre mouillée.
Louise a joué dans une flaque d'eau ; ses chaussures sont pleines de ***boue*** *!*

bouée

Une bouée est remplie d'air, elle sert à flotter sur l'eau.
Christophe ne sait pas nager ; il met une ***bouée*** *pour aller dans l'eau.*

bouger

Bouger, c'est faire un mouvement.
Pour que la photo soit réussie, il ne faut pas ***bouger****.*

bouillant, bouillante

Ce qui est bouillant est très chaud.
Les œufs cuisent dans de l'eau ***bouillante****.*

bouillir

Bouillir, pour un liquide, c'est devenir très chaud.
Quand l'eau ***bout****, elle fait de grosses bulles et de la vapeur.*

boulanger, boulangère

Le boulanger est la personne qui fait le pain.
Le magasin du ***boulanger*** *et de la* ***boulangère*** *s'appelle la boulangerie.*

bouquet

Un bouquet, c'est des fleurs qu'on a coupées et mises ensemble.
Noémie donne un ***bouquet*** *de violettes à sa maîtresse.*

bourgeon

Un bourgeon est un bouton qui va s'ouvrir sur la branche d'un arbre.
Quand les ***bourgeons*** *s'ouvrent, au printemps, ils deviennent des feuilles ou des fleurs.*

bout

1. Un bout, c'est un morceau de quelque chose.
Marie dessine sur un ***bout*** *de papier.*
2. Le bout de quelque chose, c'est l'extrémité.
Un oiseau s'est posé sur le ***bout*** *de la branche.*

boutique

Une boutique, c'est un petit magasin où l'on vend toute sorte de choses.
Le boucher, le charcutier, le bijoutier ont chacun une ***boutique****.*

bouton

1. Un bouton sert à fermer un vêtement.
Laure attache les ***boutons*** *de sa veste.*
2. C'est aussi quelque chose qui sert à faire marcher un appareil électrique.
Luc appuie sur le ***bouton*** *de la sonnette.*
3. C'est aussi quelque chose qui est enflé et rouge sur la peau.
C'est un ***bouton*** *de moustique, ça gratte !*
4. Un bouton de fleur contient la fleur avant qu'elle s'ouvre.
Les roses du jardin sont en ***boutons****.*

boutonner

Boutonner, c'est attacher avec un bouton.
Hélène ***boutonne*** *son manteau parce qu'il fait froid.*

bracelet

Un bracelet est un bijou qui se met autour du poignet.
Depuis qu'elle est née, Léa porte un petit ***bracelet*** *en or.*

branche

Sur les branches d'un arbre poussent les feuilles, les fleurs puis les fruits.
Les ***branches*** *du cerisier sont couvertes de cerises.*

brebis

La brebis est la femelle du bélier et la mère de l'agneau.
*Avec le lait de **brebis**, on fait du fromage de Roquefort.*

bretelle

Les bretelles servent à tenir un pantalon.
*Les **bretelles** passent sur les épaules ; elles sont accrochées à la ceinture, par-devant et par-derrière.*

briller

1. Briller, c'est donner une lumière éclatante.
*Le soleil **brille** ; il fait un temps magnifique.*
2. C'est aussi renvoyer la lumière.
*Gaston a lavé sa voiture, elle **brille**.*

brin

Un brin d'herbe, c'est une herbe toute seule.
*On dit aussi un **brin** de muguet, un **brin** de laine.*

brique

1. Une brique est un rectangle de terre cuite rouge.
*Les maçons construisent les murs des maisons avec des **briques**.*

2. C'est aussi un emballage qui a la forme d'une brique.
*Anton a acheté six **briques** de lait, au supermarché.*

briquet

Un briquet est un petit appareil qui donne du feu.
*Monsieur Dupont allume sa cigarette avec un **briquet**.*

broche

Une broche est un bijou qui s'accroche sur un vêtement.
*Élise porte une **broche** sur son manteau.*

brosse

Une brosse est faite de poils courts et durs, fixés sur du bois ou du plastique.
*Il y a des **brosses** à cheveux, des **brosses** à dents, des **brosses** à habits.*

brouette

Une brouette est une sorte de petit chariot avec une seule roue.
*Une **brouette** sert à transporter de l'herbe, des feuilles, du sable ou des cailloux.*

brouillard

Le brouillard, c'est des nuages juste au-dessus du sol.
*Quand il y a du **brouillard**, on ne voit rien autour de soi.*

bruit

Le bruit, c'est le son fait par quelque chose ou par quelqu'un.
*Les personnes qui font trop de **bruit** sont bruyantes.*

brûler

1. Brûler, c'est détruire par le feu.
*L'hiver, on **brûle** du bois dans la cheminée.*
2. Se brûler, c'est se faire mal en touchant quelque chose de très chaud.
*Marie s'est **brûlé** le doigt avec une allumette.*

brûlure

Une brûlure, c'est une blessure faite en se brûlant.
*Hélène s'est fait une **brûlure** au bras.*

brutal, brutaux

Être brutal, c'est être violent et employer la force.
*Parfois, certains sportifs sont **brutaux**.*

A C D E F G H I J K L M N O P Q R S T U V W X Y Z

bûche

Une bûche est
un morceau de branche
ou de tronc d'arbre coupé.
*On se sert des **bûches** pour faire du feu.*

buée

La buée,
c'est
des minuscules gouttes d'eau
qui se forment quand il fait chaud dedans
et froid dehors.
*Il y a de la **buée** sur les vitres de la voiture ;
les enfants ne voient plus ce qu'il y a dehors.*

buisson

Un buisson, c'est
des petits arbres
sauvages aux branches emmêlées,
souvent pleines d'épines.
*À l'automne, certains **buissons** sont couverts
de mûres.*

bulldozer

Le bulldozer
est une machine
qui sert à faire
les gros travaux sur les chantiers.
*Les ouvriers tracent la future autoroute
avec des **bulldozers**.*

bulle

Une bulle est ronde,
il y a de l'air dedans.
*Marion fait
des **bulles** de savon
avec une paille.*

bureau

1. Un bureau,
c'est une table
de travail.
*Franck s'est mis
à son **bureau**
pour écrire une lettre.*
2. C'est aussi la pièce où est cette table.
*La directrice est dans son **bureau**.*
3. C'est aussi un endroit où l'on travaille.
*Tous les matins, la maman de Franck
va au **bureau**.*

but

1. Le but, c'est là où l'on veut arriver.
*Ce château est le **but** de la promenade.*
2. C'est aussi un filet entre deux poteaux
où l'on doit envoyer le ballon.
*L'équipe jaune a marqué le dernier **but**
du match ; elle a gagné !*

cabane

Une cabane est une sorte de petite maison.
Les enfants se sont construit une ***cabane*** *avec des branches, des fougères et de la corde.*

cabriole

Faire des cabrioles, c'est faire des petits sauts comme des chèvres.
Les enfants font des ***cabrioles*** *sur la pelouse.*

cacahuète

Les cacahuètes sont les graines d'une plante des pays chauds.
Les singes aiment beaucoup les ***cacahuètes****.*

cacao

Le cacao est la graine d'un arbre des pays chauds.
On fait le chocolat avec les graines de ***cacao****.*

cachette

Une cachette, c'est un endroit où l'on se cache, où l'on cache quelque chose.
Quand elle joue à cache-cache, Julie trouve toujours des bonnes ***cachettes****.*

cactus

Le cactus est une plante avec des piquants, qui pousse dans les pays chauds.
*On achète les **cactus** chez un fleuriste.*

cadeau

Un cadeau, c'est ce qu'on donne à quelqu'un pour lui faire plaisir.
*François offre un **cadeau** à sa maman.*

cadenas

Un cadenas est un petit objet qui remplace une serrure et sert à fermer.
*La porte de la cave se ferme avec un **cadenas**.*

cadre

Un cadre est une baguette de bois ou de plastique qu'on met autour d'une photo ou d'un tableau.
*La maîtresse a mis les dessins des enfants dans des **cadres**.*

café

Le café est une boisson un peu amère.
*Le **café** est fait avec les graines grillées et écrasées d'un arbre des pays chauds.*

cage

Une cage est une sorte de boîte ou de pièce avec du grillage ou des barreaux.
*On enferme les oiseaux, les bêtes sauvages et parfois les souris dans des **cages**.*

cahier

Un cahier est fait de feuilles de papier attachées et d'une couverture.
*Jennifer a fait beaucoup de dessins dans son **cahier**.*

caillou

Un caillou est une petite pierre.
*Jean s'amuse à lancer des **cailloux** dans la rivière.*

caisse

1. Une caisse est une grande boîte en bois, en métal, en plastique ou en carton.
*Le plombier range ses outils dans une **caisse**.*
2. C'est aussi l'endroit où l'on paye dans un magasin.
*Il y a la queue à la **caisse**.*

calcul

Faire du calcul, c'est compter, faire des opérations avec des nombres.
*Quentin avait 5 bonbons et il en a mangé 2. Quand il compte combien il lui en reste, il fait un **calcul**.*

calendrier

Dans un calendrier, on trouve tous les jours, les semaines et les mois de l'année, du 1er janvier au 31 décembre.
*Sur un **calendrier**, toutes les fêtes sont marquées.*

câlin

Faire un câlin à quelqu'un, c'est le prendre dans ses bras, lui faire des caresses et des baisers.
*Tous les soirs, Danielle fait un **câlin** à son fils.*

calme

Être calme, c'est être tranquille, ne pas faire de bruit.
*La nuit, tout est **calme**, les gens se reposent.*

caméra

Une caméra est un appareil qui sert à filmer.
*Le papa de Mathieu a filmé la fête de l'école avec sa **caméra**.*

camp

Un camp, c'est un séjour passé sous la tente.
*Tous les étés, François fait un **camp** de scouts.*

campagne

Dans la campagne, il y a des champs, des bois, des fermes, des rivières.
*La vie est plus tranquille à la **campagne** qu'à la ville.*

camper

Camper, c'est dormir sous une tente.
*L'endroit où l'on peut **camper** s'appelle un terrain de camping.*

canal, canaux

Un canal est une rivière creusée par les hommes.
*Les **canaux** sont construits pour aller d'une rivière à une autre ou d'une mer à une autre.*

canard

Un canard est un oiseau qui vit près de l'eau, il peut nager, plonger et voler.
La femelle du canard est la cane ; leurs petits sont les canetons.
*Certains **canards** sont sauvages, d'autres sont élevés dans les fermes.*

canif

Un canif est un petit couteau de poche.
*Ce **canif** a deux lames pliantes et un tire-bouchon.*

caniveau

Un caniveau est l'endroit où s'écoule l'eau le long d'un trottoir.
*Le balayeur pousse les saletés dans le **caniveau** ; l'eau les emporte ensuite dans l'égout.*

canne

Une canne est un bâton avec une poignée, qui aide à marcher.
*Les personnes qui ont mal à la jambe marchent avec une **canne**.*

canoë

Un canoë est un petit bateau allongé, à fond plat.
*On conduit un **canoë** avec une pagaie.*

canon

Un canon est une grosse arme à feu.
*Autrefois, les canons lançaient des boules de pierre, aujourd'hui il y a des **canons** atomiques.*

caoutchouc

Le caoutchouc est une matière élastique et imperméable.
*Le **caoutchouc** sert à faire des pneus, des bottes, des balles.*

capable

Être capable de faire quelque chose, c'est pouvoir le faire.
*Marc est **capable** de sauter cette barrière.*

cape

Une cape est un manteau sans manches, très large, qui a souvent une capuche.
*Zorro porte une **cape** noire.*

caprice

Faire un caprice, c'est pleurer, taper du pied pour avoir ce que l'on veut tout de suite.
*La maîtresse n'aime pas du tout que les enfants fassent des **caprices**.*

capturer

Capturer, c'est faire quelqu'un prisonnier.
*Les Indiens ont **capturé** un cow-boy.*

capuchon

Le capuchon d'un stylo sert à protéger la plume ou la pointe.
*Quand elle a fini d'écrire, Zoé remet le **capuchon** de son stylo.*

caractère

Le caractère, c'est la manière d'être d'une personne.
*Agnès a très bon **caractère** ; elle est toujours contente.*

caramel

Un caramel est un bonbon fait avec du beurre, du lait et du sucre.
*Il y a des **caramels** durs et des **caramels** mous.*

caravane

Une caravane est une sorte de petite maison roulante pour faire du camping.
*On peut dormir, se laver et faire la cuisine dans une **caravane**.*

caresse

Une caresse est un petit geste tendre de la main.
*Les chats aiment beaucoup les **caresses**.*

carnaval

Le carnaval est une fête où l'on se déguise.
*C'est le mardi gras qu'on fête le **carnaval** ; on porte des masques, et parfois on défile en dansant.*

carnet

1. Un carnet est un petit cahier.
*Il y a des **carnets** d'adresses, des **carnets** de notes, des **carnets** de rendez-vous.*
2. C'est aussi des billets ou des timbres qui sont vendus ensemble.
*Isabelle a acheté un **carnet** de tickets de métro.*

carotte

Une carotte est un légume orange et un peu sucré qui est la racine d'une plante.
*Annie mange les **carottes** crues, râpées en salade, ou cuites.*

carré

Un carré est une forme qui a quatre côtés exactement pareils.
*La maîtresse a dessiné un **carré** au tableau.*

carreau

1. Un carreau, c'est une vitre.
*La fenêtre de cette pièce a des petits **carreaux**.*
2. C'est aussi quelque chose qui a la forme d'un carré.
*Jean porte une chemise à **carreaux**.*
3. C'est aussi l'une des deux couleurs rouges des cartes à jouer.
*Jean a l'as de **carreau** dans son jeu.*

carrefour

Un carrefour est un endroit où des routes se croisent.
*Au **carrefour**, la voiture jaune tourne à droite.*

carrelage

Le carrelage, c'est des carreaux qui protègent le sol ou les murs.
*Il y a souvent du **carrelage** dans les salles de bains.*

carrosse

Le carrosse était la voiture à cheval des rois et des princes.
*Cendrillon va au bal dans un magnifique **carrosse** doré.*

carte

1. Une carte, c'est un rectangle de carton avec des dessins.
*Sur les **cartes** à jouer, le carreau et le cœur sont rouges, le trèfle et le pique sont noirs.*
2. C'est aussi un rectangle de carton ou de plastique dur qui sert à beaucoup de choses.
*Il y a des **cartes** postales, des **cartes** d'identité, des **cartes** de visite, des **cartes** de téléphone, des **cartes** bancaires…*
3. C'est aussi une grande feuille où on a dessiné les rivières, la mer, les montagnes, les routes, les villes…
*Sur le mur de la classe, il y a une **carte** du monde.*

carton

1. Le carton est un papier très épais et très dur.
*Les cartes à jouer sont en **carton**.*
2. C'est aussi une boîte en carton.
*Avant son déménagement, Martine a mis toutes ses affaires dans des **cartons**.*

cascade

Une cascade est de l'eau qui tombe d'une grande hauteur.
*À la montagne, il y a de très grandes **cascades**.*

caserne

Une caserne est un grand bâtiment où vivent les soldats ou les pompiers.
*Les pompiers rangent leurs camions dans la **caserne**.*

casier

Un casier est un endroit où l'on range ses affaires.
*À la maternelle, tous les enfants ont leur **casier**.*

casque

Un casque sert à protéger la tête.
*Les ouvriers des chantiers, les pilotes de course, les motocyclistes, les pompiers portent des **casques**.*

casser

Casser, c'est mettre en morceaux ou abîmer.
*Rachel a **cassé** un bol.*

cauchemar

Un cauchemar est un rêve qui fait peur.
*Noémie s'est réveillée en criant, parce qu'elle faisait un **cauchemar**.*

cavalier, cavalière

Un cavalier est une personne qui monte à cheval.
*La **cavalière** est partie au trot.*

cave

Une cave est une pièce fraîche sous une maison.
*Dans une **cave**, on garde le vin et certaines provisions.*

cendre

La cendre est la poudre grise qui reste quand quelque chose a brûlé.
*Le feu est mort, il n'y a plus de flammes, il n'y a que des **cendres**.*

centre

1. Le centre, c'est l'endroit qui est au milieu.
*La cathédrale Notre-Dame est au **centre** de Paris.*
2. Un centre aéré, c'est un endroit où les enfants vont le mercredi et pendant les vacances.
*Au **centre** aéré, les enfants jouent, dessinent, se promènent.*
3. Un centre commercial est l'endroit d'une ville où il y a des magasins.
*Étienne fait ses courses au **centre** commercial.*

cercle

Un cercle est un rond.
*Dans la cour de récréation, les enfants se mettent en **cercle** pour faire la ronde.*

céréale

Une céréale est une plante qui a des graines.
Le blé, le riz, le maïs sont des céréales.
*Tous les matins, Élise mange un bol de **céréales** avec du lait et du sucre.*

cerf

Le cerf est un animal sauvage qui vit dans les forêts.
Il a de grandes cornes qu'on appelle des bois.
*La biche est la femelle du **cerf**, leur petit est le faon.*

cerf-volant

Un cerf-volant est fait avec du tissu ou du plastique et des baguettes de bois ; on le fait voler au bout d'une longue ficelle.
Quand il y a du vent, les enfants vont jouer sur la plage avec un ***cerf-volant*** *!*

cerise

La cerise est un fruit rouge sucré avec un noyau.
Les ***cerises*** *sont mûres au printemps. Elles poussent sur les cerisiers.*

certains, certaines

Certains, c'est quelques-uns.
Les chats sont blancs, gris, noirs, roux ou tigrés ; ***certains*** *ont trois couleurs.*

cerveau

Le cerveau est dans la tête ; il sert à bouger, à parler, à voir, à écouter, à sentir, à penser, à se souvenir.
C'est le ***cerveau*** *qui commande tout ce qu'on fait.*

chacun, chacune

Chacun, c'est toutes les personnes d'un groupe, une par une.
La maîtresse demande aux enfants de ne pas crier, ***chacun*** *aura un bonbon !*

chagrin

Quand on a du chagrin, on est triste, on pleure.
Pierre a du ***chagrin****, son chat a disparu.*

chaîne

1. Une chaîne est faite de petits anneaux attachés les uns aux autres.
Le chien est attaché avec une ***chaîne****.*
2. C'est aussi un ensemble de programmes de télévision.
Sur un poste de télévision, il y a plusieurs ***chaînes****.*

chaleur

La chaleur, c'est quand il fait chaud.
*Michel dit à son papa : « Quelle **chaleur** ! Peux-tu ouvrir la fenêtre, s'il te plaît ? »*

chambre

Une chambre est une pièce où l'on dort.
*Dans la **chambre** de Victor, il y a un lit, une table, une armoire, une étagère et des jouets.*

chameau

Un chameau est un animal qui a deux bosses sur le dos.
*Les **chameaux** vivent dans des régions où il y a très peu d'eau.*

champ

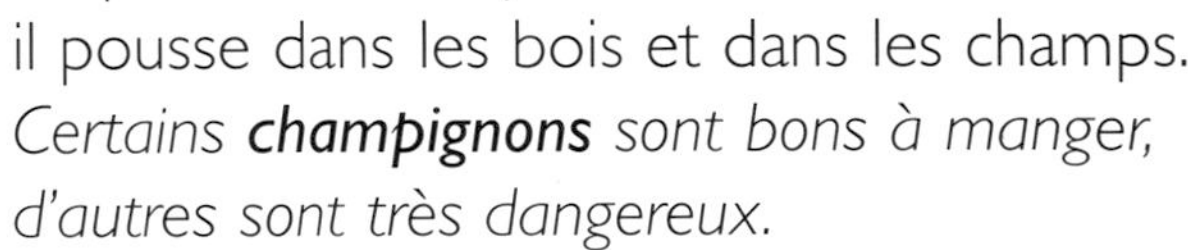

Un champ est un endroit à la campagne où pousse de l'herbe, ou bien du blé, du maïs…
*Dans ce **champ**, il y a deux vaches.*

champignon

Un champignon a un pied et un chapeau ; il pousse dans les bois et dans les champs.
*Certains **champignons** sont bons à manger, d'autres sont très dangereux.*

champion, championne

Un champion, c'est celui qui gagne, qui est le meilleur.
*Martine est **championne** de saut en hauteur.*

chance

On a de la chance quand on gagne, ou quand on peut faire quelque chose de très agréable.
*Marc a de la **chance** : il part faire du ski.*

changer

1. Changer, c'est ne plus être comme avant.
*Le temps **change**, il va faire beau.*
2. Changer de place, d'habit, c'est prendre une autre place, un autre habit.
*Le pantalon de Julien est sale, il devrait en **changer**.*

chanson

Une chanson, c'est des paroles avec de la musique.
*« Au clair de la lune, mon ami Pierrot » est une **chanson**.*

chanter

Chanter, c'est faire de la musique avec sa voix.
*Au printemps, les oiseaux **chantent**.*

chantier

Un chantier est un endroit où on est en train de construire quelque chose.
*Les ouvriers construisent un immeuble ; on n'a pas le droit d'entrer sur le **chantier**.*

chapeau

Un chapeau se met sur la tête, il protège du froid ou du soleil.
*Il y a des **chapeaux** de paille, des **chapeaux** à plumes, des **chapeaux** melon.*

chaque

Chaque, c'est tous, un par un.
***Chaque** enfant a un portemanteau à l'école.*

charbon

Le charbon est noir ; on le trouve dans la terre. Il sert à chauffer.
*Pour faire des grillades, on utilise du **charbon** de bois.*

charcuterie

1. La charcuterie, c'est la nourriture qui est faite avec le porc.
*Le jambon, le saucisson, le pâté sont de la **charcuterie**.*
2. C'est aussi le magasin du charcutier.
*Le papa de Nicolas a acheté du jambon à la **charcuterie**.*

charger

1. Charger une voiture, c'est mettre dedans ce qu'on veut transporter.
La voiture est tellement ***chargée*** *qu'elle touche presque par terre !*
2. Charger une arme, c'est mettre une balle dedans.
Quand un fusil est ***chargé****, il faut faire très attention.*
3. Se charger de quelque chose, c'est s'en occuper.
Éric et Sophie se ***chargent*** *de mettre la table.*

chariot

Un chariot a quatre roues ; il sert à transporter des choses lourdes.
Au supermarché, la maman de Frédéric pousse un ***chariot****.*

chasser

Chasser, c'est poursuivre les animaux sauvages pour les tuer.
Le chasseur rapporte le lièvre qu'il a ***chassé****.*

chat

Un chat est un animal qui a un poil très doux, des longues moustaches et des griffes qu'il peut rentrer et sortir quand il veut.
Le ***chat*** *miaule quand il veut quelque chose et il ronronne quand il est content. Le chaton est le petit du* ***chat****.*

châtaignier

Un châtaignier est un grand arbre qui peut vivre plus de cent ans.
Le fruit du ***châtaignier*** *est la châtaigne ; c'est une sorte de marron qui se mange.*

château

Un château est une très grande maison avec des tours.
Les rois, les reines, les princes et les princesses vivent dans des ***châteaux****.*

chatouiller

Chatouiller, c'est caresser en remuant le bout des doigts, sous les bras, sous les pieds, dans le cou, pour faire rire.
Judith s'amuse à ***chatouiller*** *sa petite sœur.*

chaud, chaude

1. Ce qui est chaud a une forte température.
*Le feu est très **chaud**, il brûle.*
2. C'est aussi ce qui garde la chaleur et qui protège du froid.
*Claude s'est acheté un manteau bien **chaud**.*

chauffage

Le chauffage chauffe la maison.
*Pendant l'hiver, on allume le **chauffage** pour que la maison soit bien chaude.*

chaussure

Les chaussures protègent les pieds.
*Les bottes, les sandales, les baskets, les mocassins, les ballerines, les sabots sont des **chaussures**.*

chauve

Une personne est chauve quand elle n'a plus de cheveux.
*Certains hommes deviennent **chauves** en vieillissant.*

chauve-souris

La chauve-souris est un animal qui ressemble à une souris, mais avec des ailes sans plumes.
*La **chauve-souris** vit dans des endroits sombres ; elle dort le jour, la tête en bas.*

chef

Le chef, c'est celui qui décide, qui commande.
*Le **chef** de gare, le **chef** d'État, le **chef** cuisinier, le **chef** d'orchestre sont tous des **chefs**.*

chemin

1. Un chemin est une petite route de terre dans la campagne.
*Un joli **chemin** traverse la forêt.*
2. C'est aussi la direction.
*Valérie est perdue, elle ne retrouve plus son **chemin**.*
3. Le chemin de fer, c'est le train.
*Bernard achète des billets de **chemin de fer**.*

cheminée

1. La cheminée, c'est l'endroit par lequel sort la fumée.
*Il y a des **cheminées** sur les toits des maisons ou des usines, sur les bateaux.*
2. C'est aussi l'endroit où l'on fait du feu.
*Nicolas met une bûche dans la **cheminée**.*

chêne

Un chêne est un grand arbre qui peut vivre plus de cinq cents ans.
*Le fruit du **chêne** est le gland.*

chèque

Un chèque est un rectangle de papier imprimé qui remplace l'argent.
*Quand on paye par **chèque**, on écrit dessus le prix à payer et on signe.*

cher, chère

1. Ce qui est cher coûte beaucoup d'argent.
*En hiver, il y a des fraises sur le marché, mais elles sont **chères**.*
2. On dit aussi « ma chère maman, mon cher papa », pour dire qu'on les aime beaucoup.
*« Approche-toi, **chère** enfant », dit le Loup au Petit Chaperon rouge !*

chercher

Chercher, c'est essayer de trouver.
*La mère Michel **cherche** son chat, elle l'a perdu.*

cheval, chevaux

Le cheval est un animal qui a quatre longues pattes, des sabots, une crinière, et qui galope.
*Le **cheval** mange de l'herbe ; sa femelle est la jument, leur petit est le poulain.*

chevalier

Un chevalier est un soldat qui vivait au Moyen Âge.
*Le **chevalier** portait une armure ; il se battait en tournoi avec une lance.*

chèvre

La chèvre est un animal qui a des cornes recourbées en arrière. Elle mange de l'herbe et donne du lait. Le petit de la chèvre est le chevreau.
*Avec le lait de **chèvre**, on fait du fromage.*

chien

Le chien est un animal qui vit avec les hommes. Sa femelle est la chienne ; leurs petits sont des chiots.
*Un **chien** aboie.*

chiffon

Un chiffon est un morceau de tissu usé qu'on utilise pour nettoyer.
*Madame Deluc passe un **chiffon** à poussière sur l'armoire.*

chiffre

Les chiffres sont les dessins qui servent à écrire les nombres.
*Les **chiffres** sont : 0, 1, 2, 3, 4, 5, 6, 7, 8, 9.*

chirurgien

Un chirurgien est un médecin qui fait des opérations.
*Le **chirurgien** a opéré Thomas de l'appendicite.*

chocolat

Le chocolat est fait avec du cacao écrasé et du sucre.
*On mange le **chocolat** en tablettes ; on en met dans les gâteaux et les bonbons ; on le boit mélangé à du lait.*

choisir

Choisir, c'est décider entre deux ou plusieurs choses.
*Il y a des gâteaux et des fruits pour le dessert ; Julie peut **choisir** ce qui lui fait plaisir.*

chômeur, chômeuse

Un chômeur est une personne qui n'a pas de travail.
*Christian a retrouvé du travail ; il n'est plus **chômeur**.*

chose

1. Une chose est un objet.
*Un crayon, des lunettes, une assiette sont des **choses**.*
2. C'est aussi tout ce qui peut arriver.
*Il est arrivé quelque **chose** d'incroyable au papa de Marceau : il a vu un ours !*
3. C'est aussi le mot qu'on utilise quand on ne connaît pas le nom d'un objet.
*Jules dit : « Qu'est-ce que c'est que cette **chose**-là ? »*

chou

1. Un chou est un gros légume rond qu'on mange cru ou cuit.
*Il y a des **choux** verts, des **choux** rouges, des **choux**-fleurs, des **choux** de Bruxelles. Les lapins mangent des **choux**.*
2. C'est un petit mot gentil qu'on dit quand on aime bien quelqu'un.
*Madame Blasco appelle toujours Joachim « mon petit **chou** ».*

chouette

Une chouette est un oiseau de nuit, elle a des yeux tout ronds.
*La **chouette** crie « hou-hou-hou ! » : elle chuinte.*

chuchoter

Chuchoter, c'est parler tout bas.
*Les enfants **chuchotent** pour que leurs parents ne les entendent pas.*

cicatrice

Une cicatrice est une trace qui reste sur la peau après une blessure.
*Pendant les vacances, Marc est tombé de vélo ; il a une **cicatrice** sur la jambe.*

ciel

Le ciel est au-dessus de nous ; il est bleu quand il fait beau, il est gris quand il pleut.
Dans le ***ciel****, il y a le soleil, la lune, les étoiles et, souvent, des nuages.*

cigale

La cigale est un insecte qui vit sur les arbres.
L'été, on entend parfois chanter les ***cigales*** *mâles.*

cigogne

La cigogne est un oiseau qui a de très longues pattes et un long bec.
Les ***cigognes*** *vivent près des étangs. En hiver, elles partent vers l'Afrique pour avoir plus chaud.*

cil

Les cils sont les petits poils au bord des paupières.
Les ***cils*** *protègent les yeux de la poussière.*

cinéma

Un cinéma est une salle où l'on peut voir des films.
Philippe est au ***cinéma*** *avec ses enfants.*

circulation

La circulation, c'est toutes les voitures et les camions qui circulent.
Le matin et en fin de journée, il y a toujours beaucoup de ***circulation*** *sur les routes.*

circuler

Circuler, c'est aller dans un sens ou dans l'autre.
Quand il n'y a pas beaucoup de voitures, on ***circule*** *bien sur les routes.*

cirque

Le cirque est un spectacle où l'on voit des clowns, des magiciens, des animaux, des acrobates, des jongleurs.
*Au **cirque**, les spectateurs sont assis en rond. Quand ils entendent la musique, le spectacle commence.*

citron

Un citron est un fruit jaune ; il donne un jus acide.
*Pour faire de la citronnade, il faut presser un **citron**, puis ajouter de l'eau et du sucre.*

clair, claire

1. Quand il fait clair, il y a beaucoup de lumière.
*Quand la nuit est **claire**, on voit très bien les étoiles.*
2. Dans une couleur claire, il y a du blanc.
*En été, beaucoup de personnes portent des vêtements de couleur **claire**.*
3. Quand on voit clair, c'est qu'on voit bien.
*Marc ne voit pas **clair** ; il porte des lunettes.*

clair de lune

Le clair de lune, c'est la lumière que donne la lune quand il fait nuit.
*La mer est belle au **clair de lune**.*

clarinette

Une clarinette est un instrument de musique dans lequel on souffle.
*La personne qui joue de la **clarinette** s'appelle un clarinettiste.*

classe

1. La classe, c'est l'école.
*Thomas va en **classe** tout seul.*
2. C'est aussi une salle dans l'école, où on travaille.
*Les enfants entrent dans la **classe** sans faire de bruit.*
3. C'est aussi l'année dans laquelle on est à l'école.
*Stéphanie demande à Laura dans quelle **classe** elle est. Laura lui répond qu'elle est en grande section de maternelle.*

clavier

1. Sur un piano, le clavier est l'endroit où l'on joue de la musique.
*Sur un **clavier**, il y a des notes noires et des notes blanches.*
2. Un clavier d'ordinateur, c'est l'endroit où l'on tape pour écrire à l'écran.
*Sur un **clavier** d'ordinateur, il y a des lettres, des chiffres et des petits dessins.*

clémentine

Une clémentine est un fruit rond, qui ressemble à une orange, mais qui est plus petit et plus sucré.
*Une **clémentine** a des quartiers et quelquefois des pépins.*

clignotant

Un clignotant est une lumière qui s'allume et s'éteint quand on la met en marche.
*Le taxi met son **clignotant** pour prévenir qu'il tourne à droite.*

cliquer

Cliquer, c'est appuyer sur la souris d'un ordinateur.
*Flora a **cliqué** sur le dessin d'un oiseau et elle l'a entendu chanter.*

cloche

Une cloche est un instrument en métal avec un battant au milieu, qui donne un joli son.
*Pour les mariages, les **cloches** de l'église sonnent.*

clocher

Le clocher est une sorte de tour où il y a une ou plusieurs cloches.
*Sur le **clocher** de l'église, il y a un coq en métal.*

clown

Au cirque, le clown amuse les enfants en faisant des grimaces et des farces.
*Le **clown** tombe souvent avec ses grandes chaussures.*

coccinelle

Une coccinelle est un insecte rouge à points noirs.
*On appelle les **coccinelles** des « bêtes à bon Dieu ».*

cochon

1. Un cochon est un animal tout rose qu'on élève à la ferme pour sa viande.
*Le museau du **cochon** s'appelle le groin.*
*La viande de **cochon** s'appelle du porc.*
2. C'est aussi une personne qui est sale.
*Louis est un petit **cochon** ; il salit souvent ses habits !*

cœur

1. Le cœur est un muscle qui fait circuler le sang dans tout le corps.
*Le **cœur** bat dans la poitrine.*
2. C'est aussi le milieu de quelque chose.
*Un **cœur** de salade, ce sont les feuilles blanches, les plus tendres.*
3. C'est aussi l'une des deux couleurs rouges du jeu de cartes.
*Benjamin a le roi de **cœur** dans son jeu.*

4. Avoir du cœur, c'est penser aux autres, être généreux.
*Marcus a bon **cœur** ; il donne toujours de ses bonbons à ses copains.*

coffre

1. Un coffre est un meuble qui sert à ranger.
*Irène range sa poupée dans son **coffre** à jouets.*
2. C'est aussi là où l'on met les bagages dans la voiture.
*La valise est dans le **coffre**.*

cogner

Se cogner, c'est se taper contre quelque chose.
*La porte du grenier est basse, il faut faire attention de ne pas se **cogner** la tête.*

coiffer

Coiffer, c'est passer la brosse ou le peigne dans les cheveux.
*La personne qui lave les cheveux, qui les coupe et qui les **coiffe** s'appelle un coiffeur ou une coiffeuse.*

coin

1. Un coin, c'est un angle.
*Léa s'est cognée sur le **coin** de la table.*
2. C'est aussi n'importe quel endroit.
*Monsieur et madame Durand ont trouvé un joli **coin** pour pique-niquer.*

3. C'est aussi un endroit où l'on est tout seul.
*Ferdinand reste dans son **coin** ; il ne va pas jouer avec les autres enfants.*

coincer

Quelque chose ou quelqu'un est coincé quand il est bloqué et qu'il ne peut plus bouger.
*Le tiroir est **coincé**, c'est impossible de l'ouvrir !*

col

Le col, c'est la partie d'un vêtement qui entoure le cou.
*Agnès a relevé le **col** de sa veste pour avoir plus chaud.*

colère

Quand on est en colère, on est très fâché, on crie, on devient tout rouge.
*Le maître s'est mis en **colère** parce que personne n'écoutait.*

colis

Un colis est un paquet qu'on envoie par la poste.
*Les enfants ont reçu un **colis** de leur grand-mère.*

colle

La colle est une pâte qui fait tenir ensemble des feuilles de papier ou d'autres objets.
*Albert répare son vase avec de la **colle**.*

collection

Faire collection d'un objet, c'est essayer d'en avoir de toutes les sortes.
*Marion fait **collection** de boîtes d'allumettes de tous les pays.*

collier

Un collier est un bijou qui se met autour du cou.
*Madame Guibert porte un **collier** de perles.*

colline

Une colline est une petite montagne.
*Du haut de la **colline**, on voit le village et la rivière.*

colonne

1. Une colonne est une sorte de poteau en pierre.
*Dans les églises, il y a des **colonnes**.*
2. C'est aussi ce qui a la forme d'une colonne.
*Une **colonne** de fourmis traverse le petit chemin.*

commander

1. Commander, c'est donner des ordres.
*Le chef **commande** à ses hommes.*
2. C'est aussi demander de préparer quelque chose qu'on prendra plus tard.
*Pour la fête de l'école, la maîtresse a **commandé** un gâteau au pâtissier.*

commencer

Commencer, c'est se mettre à faire quelque chose.
*Clara **commence** à dessiner dès qu'elle arrive à l'école.*

complet, complète

1. C'est complet
quand il n'y a plus de place.
*Le bus est **complet**, Hélène et Martin doivent attendre le bus suivant.*
2. C'est aussi quand il ne manque rien ou personne.
*Le jour de Noël, la famille était au **complet**.*

complètement

Complètement,
c'est entièrement.
*Zoé s'est promenée sous la pluie, elle est **complètement** trempée.*

comprendre

1. Comprendre, c'est réussir à savoir ce que veut dire quelque chose.
*Quand on ne **comprend** pas un mot, on regarde dans le dictionnaire.*
2. C'est aussi réussir à savoir faire.
*Pierre a **compris** comment on fait une tarte.*

compter

1. Compter,
c'est dire les chiffres.
*Benjamin sait **compter** jusqu'à 10.*
2. C'est aussi faire un calcul.
*Félix **compte** combien il lui reste de billes.*

concert

Un concert
est un spectacle
où l'on joue
de la musique.
*À la fête de l'école, il y a parfois des **concerts**.*

conduire

Conduire,
c'est savoir diriger
une voiture
ou un camion.
*Pour pouvoir **conduire**, il faut passer le permis de **conduire**.*

confiture

La confiture, c'est
des fruits qu'on a fait cuire
avec du sucre.
*Quand la **confiture** est cuite, on la met dans des pots.*

congeler

Congeler, c'est faire geler.
On ***congèle*** *la viande, le poisson, les légumes, le pain, le beurre pour les garder frais et les manger plus tard.*

connaître

Connaître quelque chose, c'est savoir ce que c'est, parce qu'on l'a appris ou qu'on l'a déjà vu ou entendu.
Adèle ***connaît*** *cette histoire ; son papa la lui a déjà lue plusieurs fois.*

consoler

Consoler, c'est trouver les paroles qu'il faut pour que quelqu'un ne soit plus triste.
Pour ***consoler*** *Léa, Julien lui dit qu'il l'aime beaucoup.*

construire

Construire, c'est fabriquer.
Des ouvriers ***construisent*** *un pont sur la rivière.*

conte

Un conte, c'est une histoire où il se passe des choses extraordinaires.
Dans les ***contes****, il y a par exemple des ogres, des fées et des crapauds qui se transforment en princes charmants.*

content, contente

Être content, c'est être joyeux parce que quelque chose de bien est arrivé ou va arriver.
Noémie est ***contente*** *parce que Léa va rester dormir chez elle.*

continuer

Continuer, c'est ne pas s'arrêter.
Clara demande à sa maman de ***continuer*** *de lui raconter l'histoire.*

contraire

Le contraire de quelque chose, c'est l'inverse.
Gentil est le ***contraire*** *de méchant.*

copain, copine

Un copain, c'est quelqu'un qu'on aime bien.

*Tous les **copains** de Charles viennent à son goûter d'anniversaire.*

copier

Copier, c'est faire exactement comme le modèle.

*Pierre **copie** le dessin du livre sur son cahier.*

coq

Le coq est le mâle de la poule, il vit dans une ferme.

*Le **coq** est un oiseau ; il a une crête rouge sur la tête ; il crie « cocorico ! » tous les matins, avant que le soleil se lève.*

coquelicot

Le coquelicot est une fleur rouge qui pousse dans les champs.

*Les **coquelicots** sont des fleurs fragiles qu'on ne peut pas garder dans un vase.*

coquet, coquette

Une personne coquette aime bien se faire belle, mettre de jolis habits.

*Paul a un beau blouson et des baskets neuves ; il est très **coquet**.*

coquillage

Les coquillages sont des petits animaux de mer qui ont une coquille.

*Les coques, les palourdes, les moules… sont des **coquillages** bons à manger.*

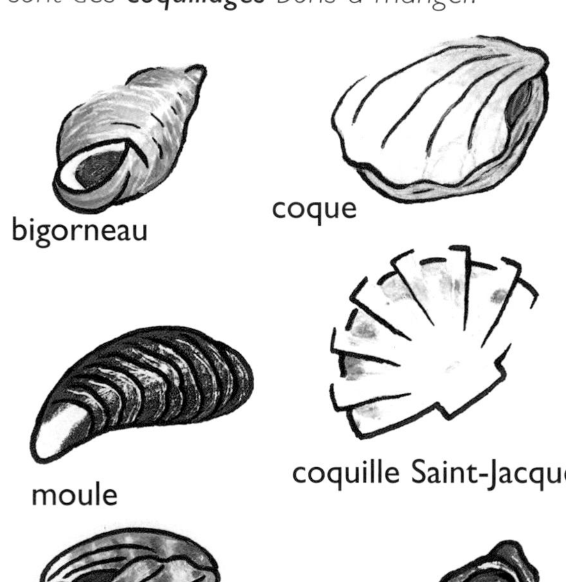

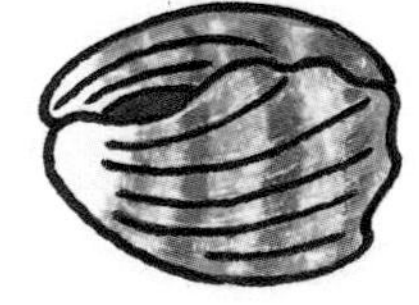

palourde

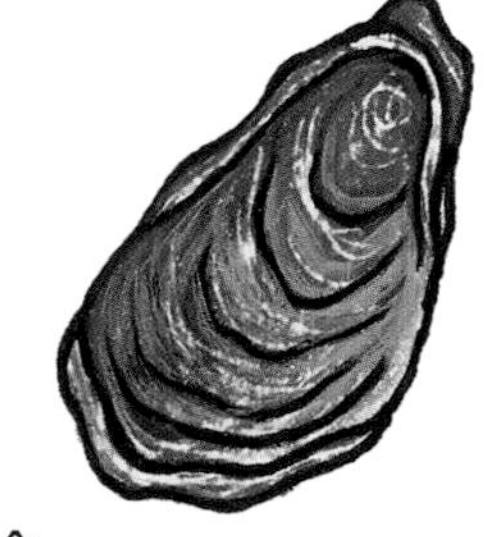

huître

coquille

Une coquille
est une enveloppe
dure, fine et souvent arrondie.
*Les œufs, les noix, les escargots
ont une **coquille**.*

Coran

Le Coran
est le livre sacré des musulmans.
*Le **Coran** est écrit en arabe.*

corbeau

Un corbeau est un grand oiseau noir.
*Les **corbeaux** font beaucoup de bruit
quand ils croassent.*

corbeille

Une corbeille
est une sorte
de petit panier.
*On met le pain et les fruits dans des **corbeilles**.*

corde

Une corde
est faite
de gros fils
très solides, tordus ensemble.
*Les bateaux sont attachés au quai
avec de grosses **cordes**.*

cordonnier

Le cordonnier est la personne
qui répare les chaussures.
*Bernard porte ses chaussures
chez le **cordonnier**,
quand leurs talons sont usés.*

corne

Les cornes
poussent
sur la tête
de certains animaux.
Elles sont dures et pointues.
*Les vaches ont des **cornes**.*

corps

La tête, le tronc,
les bras, les jambes,
les mains, les pieds…
sont des parties du corps humain.
*Les chats ont le **corps** couvert de poils.*

le **corps**

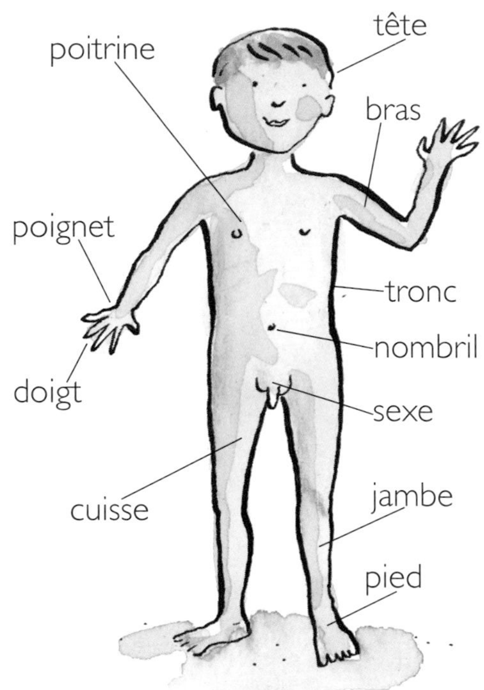
tête
poitrine
bras
poignet
tronc
nombril
doigt
sexe
cuisse
jambe
pied

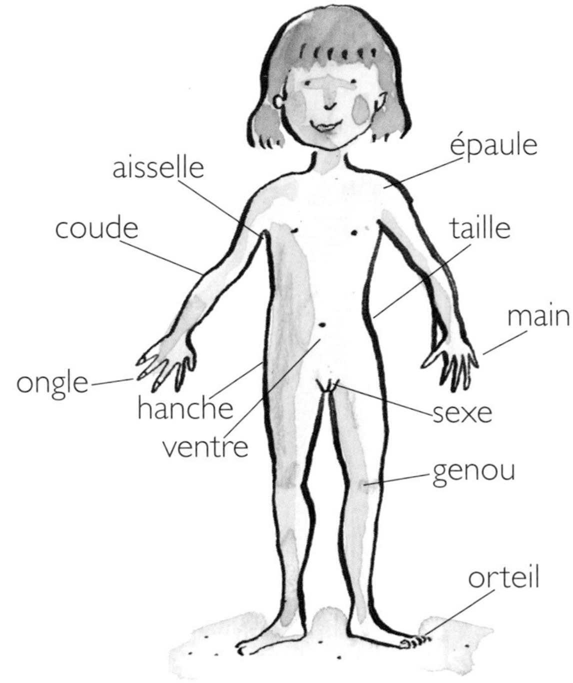
épaule
aisselle
coude
taille
main
ongle
hanche
sexe
ventre
genou
orteil

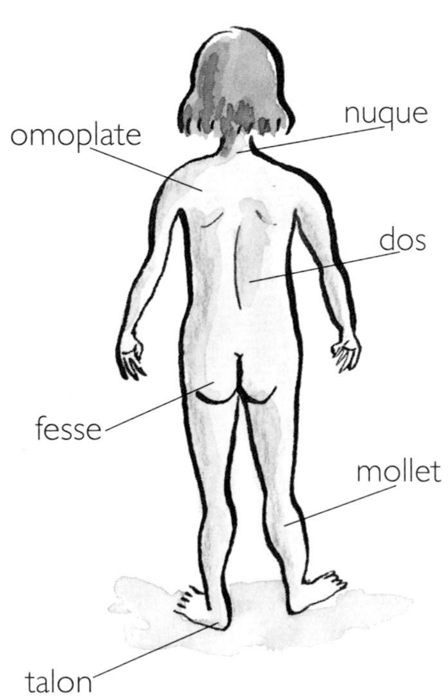
nuque
omoplate
dos
fesse
mollet
talon

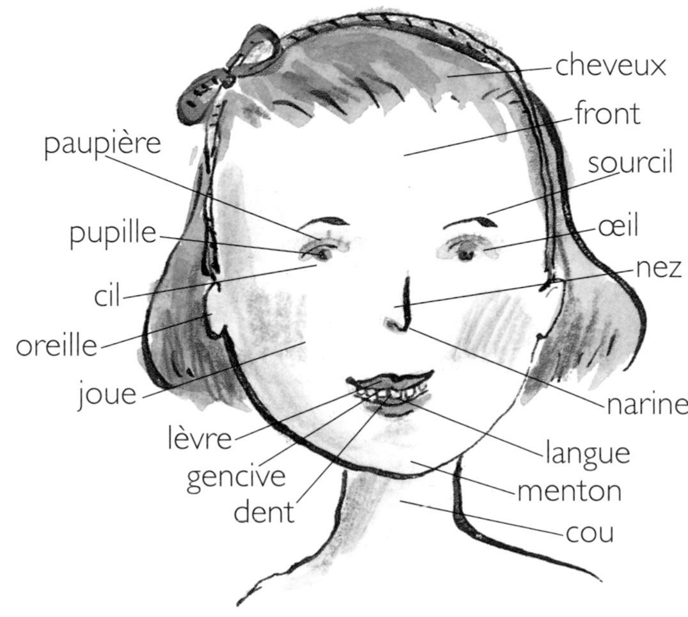
cheveux
front
paupière
sourcil
pupille
œil
nez
cil
oreille
joue
narine
lèvre
langue
gencive
menton
dent
cou

corriger

Corriger, c'est marquer ce qui est juste à la place de ce qui est faux.
La maîtresse ***corrige*** *ce que Jules a écrit : elle rajoute la lettre qu'il a oubliée dans son nom.*

cosmonaute

Un cosmonaute est une personne qui voyage dans l'espace. On dit aussi un astronaute.
Dans sa fusée, le ***cosmonaute*** *flotte s'il ne s'attache pas.*

costume

1. Un costume est un vêtement fait d'un pantalon et d'une veste du même tissu.
Michel est invité à un mariage ; il a acheté un nouveau ***costume****.*
2. C'est aussi un habit particulier.
Les danseurs portent un ***costume*** *breton.*

côte

1. Une côte, c'est une route qui monte.
Les coureurs sont arrivés en haut de la ***côte****.*
2. C'est aussi le bord de la mer.
Le bateau approche de la ***côte****.*

3. C'est aussi une partie du corps.
Les êtres humains ont douze paires de ***côtes****.*

côté

1. Le côté, c'est la partie droite ou gauche de quelque chose.
Les bras sont de chaque ***côté*** *du corps.*
2. C'est aussi la partie qui est en face.
Saïd habite de l'autre ***côté*** *de la rue.*
3. C'est aussi la direction.
Florence se demande de quel ***côté*** *ses amis sont partis.*
4. Ce sont aussi les lignes d'une forme.
Un carré a quatre ***côtés*** *égaux.*
5. À côté, c'est près.
À table, Sandrine se met toujours à ***côté*** *de sa maman.*

A B C D E F G H I J K L M N O P Q R S T U V W X Y Z

coton

Le coton vient d'une plante qui pousse dans les pays chauds et humides.
Il est blanc et doux.
*Le **coton** sert à nettoyer la peau.*
*Avec le **coton**, on fait aussi du tissu.*

se coucher

1. Se coucher, c'est s'allonger sur un lit pour dormir.
*Après le dîner, les enfants vont se **coucher**.*

2. C'est aussi disparaître, en parlant du soleil ou de la lune.
*Quand le soleil se **couche**, il commence à faire nuit.*

coucou

1. Le coucou est un oiseau.
*Quand le **coucou** chante, on entend : « Coucou ! Coucou ! Coucou ! »*
2. C'est aussi une petite fleur sauvage, toute jaune, qui pousse au printemps.
*Natacha cueille un **coucou**.*

couette

On met une couette sur un lit pour avoir chaud.
*La **couette** remplace souvent le drap et les couvertures.*

couler

1. Quand un liquide coule, il va d'un endroit à un autre.
*Béatrice fait **couler** de l'eau dans la baignoire.*
2. C'est aussi tomber au fond de l'eau.
*Le bateau a **coulé** pendant la tempête.*

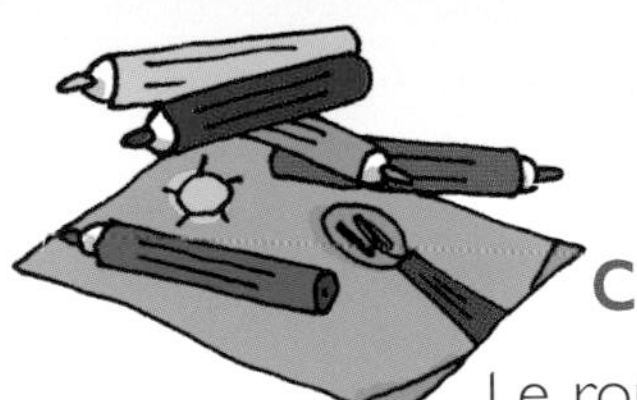

couleur

Le rouge, le bleu, le vert, le jaune, le violet sont des couleurs.
Pour son anniversaire, Anita a eu des feutres de toutes les ***couleurs****.*

couloir

Un couloir est un passage qui permet d'aller dans plusieurs pièces d'une maison.
La chambre de Patrick est au bout du ***couloir****.*

coup

1. Un coup est un geste rapide et brutal.
Le cheval a donné un ***coup*** *de pied au petit garçon qui était derrière lui.*
2. C'est aussi un bruit très fort qui ne dure pas.
Il y a eu un éclair et un grand ***coup*** *de tonnerre.*
3. C'est aussi ce qu'on fait vite.
La chambre des enfants est un peu sale ; le papa lui donne un ***coup*** *de balai.*
4. C'est aussi un essai.
Marcus a réussi du premier ***coup*** *!*
5. C'est aussi ce que l'on prépare contre quelqu'un.
Laurence est en colère ; elle prépare un mauvais ***coup****.*

couper

Couper, c'est partager en deux ou en plusieurs morceaux avec une lame.
On ***coupe*** *la viande avec un couteau, on* ***coupe*** *le papier et le tissu avec des ciseaux, on* ***coupe*** *le bois avec une scie.*

courage

Avoir du courage, c'est réussir à oublier sa peur.
Marion a du ***courage****, elle a réussi à traverser toute seule le jardin, la nuit : elle est courageuse.*

courir

Courir, c'est se déplacer en faisant bouger ses jambes très vite.
Le monsieur ***court*** *pour ne pas rater le bus.*

couronne

Les rois et les reines portent une couronne sur la tête.
*La **couronne** de la galette des Rois est en carton doré.*

courrier

Le courrier, c'est les lettres et les paquets que l'on envoie ou que l'on reçoit.
*Pour son anniversaire, Rachel a reçu beaucoup de **courrier**.*

course

1. Faire la course, c'est essayer d'arriver le premier quand on court avec d'autres.
*Il y a des **courses** à pied, des **courses** automobiles, des **courses** à bicyclette.*
2. Faire les courses, c'est acheter les choses dont on a besoin.
*Monsieur et madame Bodin font leurs **courses** au supermarché.*

court, courte

1. Ce qui est court n'a pas une grande longueur.
*Élise a les cheveux **courts**.*
2. C'est aussi ce qui ne dure pas longtemps.
*En hiver, les jours sont **courts**.*

cousin, cousine

Les cousins et les cousines sont les enfants des oncles et des tantes.
*La sœur du papa de Jérôme a trois enfants, ce sont les **cousins** de Jérôme.*

couteau

Un couteau a une lame et un manche ; il sert à couper.
*À table, le **couteau** se met à droite de l'assiette.*

coûter

Coûter, c'est valoir de l'argent.
*Jonathan aimerait bien avoir une paire de rollers, mais ça **coûte** cher.*

couture

La couture, c'est ce qu'on fait quand on coud avec un fil et une aiguille.
Mathilde a de la ***couture*** *à faire, elle doit raccourcir un pantalon.*

couver

Les oiseaux couvent leurs œufs, c'est-à-dire que la maman oiseau les garde au chaud sous elle jusqu'à la naissance des petits.
La poule ***couve*** *pendant 21 jours, l'hirondelle pendant 15 jours, et l'autruche pendant 50 jours.*

couverture

1. Une couverture est un grand tissu de laine.
Les ***couvertures*** *couvrent les lits ; on les met par-dessus les draps pour tenir chaud.*
2. C'est aussi ce qu'on met par-dessus quelque chose pour le protéger.
La ***couverture*** *de ce dictionnaire est en carton.*

couvrir

1. Couvrir, c'est protéger.
Le maçon ***couvre*** *le toit avec des tuiles.*
2. C'est aussi fermer avec un couvercle.
Pour que l'eau chauffe plus vite, on ***couvre*** *la casserole.*

crabe

Un crabe a deux grosses pinces, quatre paires de pattes et une carapace.
Le ***crabe*** *marche de côté sur le sable de la plage.*

craie

Une craie est un petit morceau d'une roche tendre, qui sert à écrire.
Le maître a écrit au tableau avec de la ***craie****.*

crâne

Le crâne, c'est tous les os qui forment la tête.
Dans le ***crâne****, il y a le cerveau.*

crapaud

Le crapaud est un animal de la même famille que la grenouille.
*Le **crapaud** mange des insectes et il vit la nuit.*

craquer

1. Craquer, c'est faire un petit bruit sec.
*Dans les vieilles maisons, les parquets en bois **craquent**.*
2. C'est aussi se casser en faisant un bruit sec.
*La branche a **craqué** sous le poids de Thomas.*

crayon

Un crayon est un petit bâton de bois avec une mine dedans.
*Nicolas dessine avec des **crayons** de couleur.*

crèche

La crèche est un endroit où l'on s'occupe des tout petits enfants pendant que leurs parents travaillent.
*Les enfants vont à la **crèche** jusqu'à trois ans.*

crème

1. La crème se trouve à la surface du lait ; elle est très grasse.
*Le beurre est fait avec de la **crème**.*
2. C'est aussi un dessert fait avec du lait.
*Julie aime la **crème** à la vanille.*

creuser

Creuser, c'est faire un trou ou un souterrain.
*Philippe **creuse** un tunnel entre ses deux châteaux de sable.*

creux, creuse

Ce qui est creux est vide à l'intérieur.
*Lise s'est cachée dans un arbre **creux**.*

crevette

La crevette vit dans la mer ; elle a cinq paires de pattes et des antennes.
*Les **crevettes** sont grises ou roses.*

cri

Un cri est un son très fort qu'une personne ou un animal fait avec sa voix.
*Louis pousse des **cris** parce que son bain est trop chaud.*

crier

1. Crier, c'est pousser des cris.
*Gérard entend les enfants jouer et **crier** dans la cour.*

2. C'est aussi parler très fort.
*Bertrand entend les vendeurs du marché **crier**.*

crinière

La crinière, c'est la touffe de poils que certains animaux ont sur la tête.
*Le zèbre et le lion ont une **crinière**.*

croc

Un croc est une dent longue et pointue.
*Les lions, les chiens, les tigres ont des **crocs**.*

crocodile

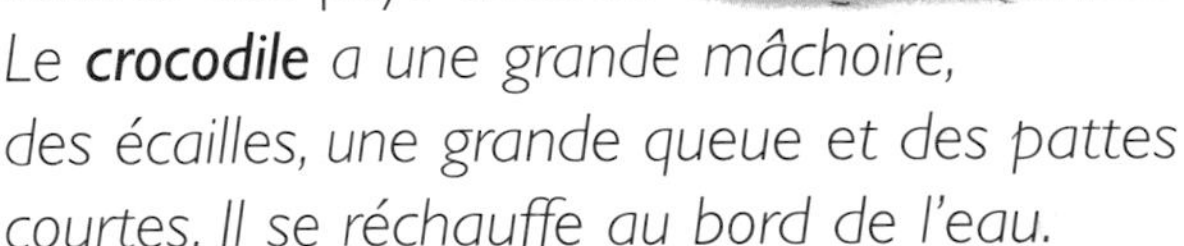

Un crocodile est un animal qui vit dans les fleuves des pays chauds.
*Le **crocodile** a une grande mâchoire, des écailles, une grande queue et des pattes courtes. Il se réchauffe au bord de l'eau.*

croire

Croire, c'est penser que quelque chose est vrai.
*Ondine ne **croit** pas aux fantômes.*

croiser

1. Croiser, c'est former une croix.
*Lucie **croise** les bras.*
2. C'est aussi passer à côté de quelqu'un qui va dans le sens inverse.
*Les enfants ont **croisé** leur papa dans la rue.*
3. C'est aussi deux choses qui se rencontrent et qui se coupent.
*Il y a deux grandes rues qui se **croisent** au milieu du village.*

croissant

1. Un croissant, c'est un quartier de lune.
*On ne voit qu'un mince **croissant**, la lune sera pleine dans deux semaines.*
2. C'est aussi une pâtisserie qui a la forme d'un croissant de lune.
*Martine a acheté un **croissant** pour son goûter.*

croix

Une croix est faite de deux lignes qui se croisent.
*Sur les ambulances, il y a une **croix** rouge.*

croquer

Croquer, c'est mordre dans quelque chose de dur.
*Romain **croque** une pomme.*

croûte

1. Une croûte se forme quand le sang sèche sur une blessure.
*Zoé s'est blessée en tombant de vélo, elle a une **croûte** sur le genou.*
2. C'est aussi la partie dure du pain et du fromage.
*La **croûte** du pain est dorée.*

cru, crue

Ce qui est cru n'a pas été cuit.
*On mange les carottes **crues** ou cuites.*

cube

Un cube est un volume qui est fait de six carrés.
*Les dés pour jouer sont des **cubes**.*

cueillir

Cueillir une fleur, c'est couper sa tige ; cueillir un fruit, c'est le détacher de la branche.
*Julia et Marc **cueillent** des fleurs dans les champs.*

cuir

Le cuir est la peau dure de certains animaux. Il sert à fabriquer des objets.
*On fait des chaussures, des blousons, des sacs en **cuir**.*

cuire

Faire cuire quelque chose, c'est le mettre sur le feu pour pouvoir le manger.
*Le cuisinier fait **cuire** un poulet.*

curieux, curieuse

Une personne curieuse veut savoir tout ce qui se passe.
*Robin est **curieux** ; il écoute ce que Marion raconte à sa copine.*

cuisine

1. La cuisine est la pièce où l'on prépare les repas.
*Pierre et Marine prennent le petit déjeuner dans la **cuisine**.*
2. Faire la cuisine, c'est préparer à manger.
*Un cuisinier, une cuisinière sont des personnes qui ont appris à faire la **cuisine**.*

cycliste

Un cycliste est une personne qui roule à bicyclette.
*Un coureur **cycliste** est une personne qui fait une course à bicyclette.*

cygne

Un cygne est un oiseau blanc ou noir qui nage sur l'eau.
*Dans les parcs, on voit souvent des **cygnes** sur les étangs.*

cuisinière

Une cuisinière est un appareil avec des plaques et un four, qui sert à faire cuire la nourriture.
*Pascal met le rôti dans le four de la **cuisinière**.*

A B C **Dd** E F G H I J K L M N O P Q R S T U V W X Y Z

d'accord

Être d'accord,
c'est dire oui,
être du même avis.
Alice demande à Arthur de venir jouer avec elle ; Arthur est ***d'accord****.*

---

dame

Une dame,
c'est une femme.
Une ***dame*** *est venue voir la maman de Clémence.*

---

danger

Un danger, c'est ce qui peut faire du mal.
Les marins connaissent bien les ***dangers*** *de la mer.*

dangereux, dangereuse

Quelque chose
de dangereux
risque de faire mal.
Marcher en montagne dans le brouillard est très ***dangereux****.*

---

danse

La danse,
c'est faire des pas et des mouvements,
sur un air de musique.
Le rock, le tango, la salsa sont des ***danses****.*

---

date

La date, c'est le numéro
du jour, le mois et l'année.
Le 4 avril 1993 est la ***date*** *de naissance d'Antonin.*

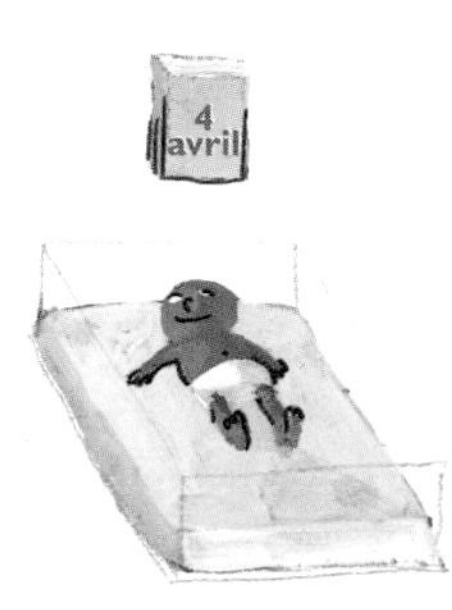

datte

Une datte est un fruit très sucré qui a un noyau allongé.
*Les **dattes** poussent sur les palmiers-dattiers.*

dauphin

Le dauphin est un grand animal qui vit dans la mer ; il mange des poissons.
*Les **dauphins** sont faciles à apprivoiser.*

dé

1. Un dé est un petit cube. Il a de un à six points dessinés sur chaque face.
*Chaque joueur lance les **dés** pour savoir qui commencera le jeu.*
2. Le dé à coudre protège le doigt quand on coud.
*Le **dé** se met sur le doigt du milieu.*

déborder

Déborder, c'est passer par-dessus les bords.
*Il faut fermer le robinet, sinon la baignoire va **déborder**.*

début

Le début, c'est là où quelque chose commence.
*Au **début** de l'histoire du « Petit Poucet », les parents décident de perdre leurs enfants dans la forêt.*

déchirer

Déchirer, c'est mettre du papier ou du tissu en morceaux.
*Pierre a **déchiré** sa chemise.*

décider

Décider, c'est réfléchir et choisir entre plusieurs choses possibles.
*Les parents de Fanny ont **décidé** de partir en vacances à la montagne.*

décorer

Décorer, c'est rendre plus joli.
*Les enfants ont **décoré** le sapin avec des boules, des guirlandes, des bougies et une étoile.*

découper

1. Découper, c'est couper quelque chose avec des ciseaux.
*Malik **découpe** une image en suivant bien le trait.*
2. C'est aussi couper en morceaux.
*Le cuisinier **découpe** le poulet.*

défaire

Ce qui est défait n'est plus fait, n'est plus en place.
*Les lacets de Bertrand sont **défaits**, il doit les rattacher.*

défaut

Un défaut, c'est quelque chose qui n'est pas bien. Le contraire d'un défaut, c'est une qualité.
*La méchanceté est un **défaut**.*

défendre

1. Défendre quelqu'un, c'est le protéger quand il est attaqué.
*Clément est arrivé en courant pour **défendre** sa petite sœur.*
2. C'est aussi interdire.
*Il est **défendu** de se pencher à la fenêtre d'un train.*

défense

Les défenses sont les deux dents très allongées et pointues de certains animaux.
*L'éléphant a deux **défenses** en ivoire.*

défilé

Un défilé, c'est un groupe de personnes qui marchent en file.
*Au **défilé** du 14 Juillet, les militaires descendent l'avenue des Champs-Élysées, à Paris.*

se déguiser

Se déguiser, c'est mettre des habits pour ressembler à quelqu'un d'autre.
*Sarah s'est **déguisée** en fée, Marek a mis un déguisement de magicien et personne ne les a reconnus.*

---

déjeuner

Le déjeuner est le repas de midi.
Le petit déjeuner est le repas du matin.
*Au petit **déjeuner**, Vincent mange des céréales.*

---

délicieux, délicieuse

Ce qui est délicieux est très, très bon.
*Le papa de Judith a préparé un **délicieux** dessert à la fraise.*

---

demain

Demain, c'est le jour qui vient après aujourd'hui.
*Si aujourd'hui, c'est lundi, **demain**, c'est mardi.*

demander

1. Demander, c'est poser des questions.
*Saïd **demande** à son papa comment naissent les bébés.*
2. C'est aussi dire qu'on voudrait quelque chose.
*Léa a **demandé** un vélo pour Noël.*

déménager

Déménager, c'est changer de maison.
*Monsieur et Madame Jacquet **déménagent** ; le camion de déménagement est arrivé ; les déménageurs descendent les cartons.*

---

demi, demie

Demi veut dire la moitié.
*Thomas prend une **demi**-pomme ; c'est-à-dire la moitié d'une pomme.*

démolir

Démolir, c'est détruire une construction.
*Les bulldozers **démolissent** les vieilles maisons pour construire un immeuble.*

dent

1. Les dents servent à couper et à mâcher la nourriture.
*Les êtres humains ont quatre sortes de **dents** : des incisives et des canines pour couper, des prémolaires et des molaires pour mâcher. La personne qui soigne les **dents** est le dentiste.*

2. Ce sont aussi les pointes de la fourchette ou du peigne.
*Le peigne de Thomas est abîmé, il n'a plus beaucoup de **dents**.*

départ

Le départ, c'est quand on part.
*Juste avant le **départ** du train, le chef de gare siffle.*

dépasser

1. Dépasser, c'est passer devant.
*La voiture va plus vite que le camion, elle va le **dépasser**.*
2. C'est aussi être plus grand.
*Alex **dépasse** déjà Francis d'une tête.*

se dépêcher

Se dépêcher, c'est aller vite pour faire ce que l'on doit faire.
*Camille se **dépêche** ; elle est pressée ; elle ne veut pas être en retard à l'école.*

dépenser

Dépenser, c'est utiliser son argent pour acheter des choses.
*Thomas a **dépensé** tout son argent de poche en bonbons.*

déplacer

1. Déplacer, c'est changer de place.
*Le voisin ne peut pas sortir de son garage ; il faut **déplacer** la voiture.*
2. Se déplacer, c'est aller d'un endroit à un autre.
*Les bateaux se **déplacent** en flottant sur l'eau.*

déplier

Déplier, c'est mettre à plat ce qui était plié.
*Madame Laborde **déplie** la carte pour regarder quelle route elle va prendre.*

déranger

Déranger, c'est gêner quelqu'un dans ce qu'il fait.
*Jonathan n'arrête pas de **déranger** sa grande sœur Rachel ; elle ne pourra jamais finir de lire son histoire !*

dernier, dernière

Le dernier est celui qui vient après tout le monde.
*Benjamin ne se dépêche jamais, il est toujours le **dernier**.*

derrière

1. Derrière, c'est de l'autre côté ou dans le dos.
*La petite sœur de Kader court **derrière** lui.*
2. Le derrière, ce sont les fesses.
*Zoé est tombée sur le **derrière**.*

descendre

Descendre, c'est aller du haut vers le bas.
*L'avion **descend**, il va atterrir.*

désert

Un désert est une région où rien ne pousse parce qu'il n'y a pas d'eau.
*Les chameaux peuvent vivre dans le **désert** car ils n'ont pas besoin de boire tous les jours.*

désobéir

Désobéir, c'est faire quelque chose qu'on n'a pas le droit de faire.
*Le petit chevreau a **désobéi**, il a ouvert la porte au loup.*

désordre

Le désordre, c'est quand rien n'est rangé.
*Les enfants ont bien joué, mais ils ont mis beaucoup de **désordre** dans la maison.*

dessiner

Dessiner, c'est tracer une forme avec des crayons sur une feuille de papier.
*Un dessin, c'est ce qui est **dessiné**.*

dessous

Ce qui est dessous est sous quelque chose, est au-dessous.
*Lucien a soulevé la couette : le chat était couché **dessous**.*

dessus

Ce qui est dessus est sur quelque chose, est au-dessus.
*Il y a un manteau sur la chaise, Nicolas ne veut pas s'asseoir **dessus** !*

détester

Détester, c'est ne pas aimer du tout.
*Nadia **déteste** les épinards.*

détruire

Détruire, c'est faire disparaître, démolir ou brûler complètement.
*Le tremblement de terre a **détruit** la ville.*

devant

Devant, c'est en face de soi.
***Devant** Marie, c'est la mer. Derrière, ce sont les rochers.*

deviner

Deviner, c'est essayer de trouver la réponse.
*Les enfants essayent de **deviner** ce que Patrick a dans la main.*

dévorer

Dévorer, c'est manger beaucoup et vite.
*Marc a une faim de loup, il **dévore** son sandwich.*

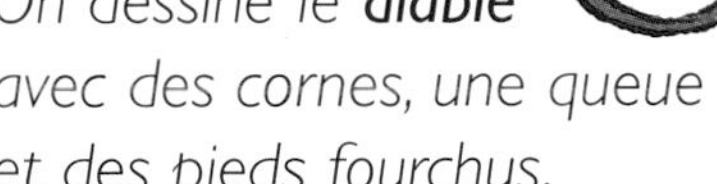

diable

1. Le diable est un personnage qui représente le mal.
*On dessine le **diable** avec des cornes, une queue et des pieds fourchus.*
2. C'est aussi un enfant qui bouge beaucoup et qui fait des farces.
*Simon est un vrai petit **diable**.*

dictionnaire

Un dictionnaire est un livre où l'on explique le sens des mots.
*Dans un **dictionnaire**, les mots sont rangés dans l'ordre de l'alphabet.*

Dieu

Dans beaucoup de religions, Dieu est celui qui a créé le monde.
*Les musulmans, les juifs, les chrétiens croient en **Dieu**.*

différent, différente

Ce qui est différent n'est pas pareil.
*Pierre ne ressemble pas beaucoup à son frère ; les deux garçons sont très **différents**.*

difficile

Ce qui est difficile est dur à faire ou à comprendre.
*Samuel donne sa langue au chat ; la devinette est trop **difficile** !*

dindon

Un dindon est un gros oiseau qui vit à la ferme.
*La femelle du **dindon** est la dinde ; leur petit est le dindonneau.*

dîner

Le dîner est le repas du soir.
*Chez les Américains, le **dîner** commence à 18 heures.*

dinosaure

Les dinosaures sont des animaux qui vivaient il y a très, très longtemps. Ils ont disparu.

*Les **dinosaures** étaient des reptiles, comme les lézards, les serpents et les tortues ; leur corps était couvert de petites plaques : des écailles.*

direction

La direction est le sens dans lequel on veut aller.

*Lucas ne sait pas quelle **direction** il doit prendre.*

diriger

1. Diriger, c'est s'occuper de quelque chose et commander aux autres.

*Monsieur Dubois **dirige** le supermarché ; c'est le directeur.*

2. Se diriger, c'est prendre une direction.

*La voiture se **dirige** vers le centre de la ville.*

discuter

Discuter, c'est parler en donnant son avis.

*Christian et Joseph **discutent** beaucoup ; ils ne sont pas souvent d'accord.*

disparaître

1. Disparaître, c'est ne plus être visible.

*Le ballon **disparaît** dans le ciel.*

2. C'est aussi être parti.

*Mathieu a choisi le moment du dîner pour **disparaître**.*

se disputer

Se disputer, c'est se dire des choses désagréables, crier parce qu'on n'est pas d'accord.

*Zoé et Marion se sont **disputées** ; elles ne veulent plus se parler.*

distance

La distance, ce sont les mètres ou les kilomètres qui séparent deux endroits.
*La **distance** entre la maison d'Arnaud et son école est de 100 mètres.*

distribuer

Distribuer, c'est donner à chacun.
*La maîtresse **distribue** des caramels aux enfants.*

divorcer

Quand un homme et une femme divorcent, ils se séparent ; ils ne vivent plus ensemble.
*Depuis que ses parents ont **divorcé**, Elsa habite chez sa maman pendant la semaine et elle va chez son papa le samedi et le dimanche.*

doigt

La main a cinq doigts.
Chaque doigt a un nom : il y a le pouce, l'index, le majeur ; celui qui porte l'anneau est l'annulaire, le petit qu'on peut mettre dans l'oreille est l'auriculaire.
*Les **doigts** de pied s'appellent les orteils.*

dompteur, dompteuse

Un dompteur est une personne qui apprivoise les bêtes sauvages et qui leur fait faire des tours au cirque.
*Quand le **dompteur** fait claquer son fouet, le tigre lève ses pattes avant.*

donner

Donner, c'est offrir quelque chose à quelqu'un.
*La boulangère **donne** un ballon au petit garçon.*

dormir

On a besoin de dormir toutes les nuits pour reposer son corps.
*Quand on **dort**, on a les yeux fermés, et souvent on rêve.*

dortoir

Un dortoir est une grande pièce où il y a beaucoup de lits.
*À la maternelle, les enfants de petite section font la sieste dans un **dortoir**.*

double

Le double, c'est deux fois quelque chose.
*Frédéric a gagné un bonbon ; Cédric en a gagné le **double** : il a gagné deux bonbons.*

doubler

Doubler, c'est passer devant.
*Les voitures ne doivent pas **doubler** dans les côtes ni dans les virages.*

doucement

1. Doucement, c'est d'une manière douce.
*Pascal caresse **doucement** les cheveux de sa fille.*
2. C'est aussi faire quelque chose sans bruit.
*Les enfants parlent **doucement** pour ne pas réveiller le bébé.*
3. C'est aussi lentement.
*L'automobiliste roule **doucement** en traversant les villages.*

doux, douce

1. Ce qui est doux est lisse et agréable à toucher.
*Les bébés ont la peau toute **douce**.*
2. Cela se dit aussi de quelqu'un qui est patient et gentil.
*La maîtresse est très **douce** ; tous les enfants l'aiment.*

dragon

Un dragon est une bête qui n'existe pas. Dans les histoires, les dragons ont des griffes, une grande queue, des ailes et ils crachent des flammes.
*Le chevalier a blessé le **dragon** qui gardait la princesse.*

drapeau

Un drapeau est un tissu aux couleurs d'un pays. Il est attaché à un bâton.
*Le **drapeau** de l'Europe est bleu avec des étoiles jaunes en cercle.*

droit

Le droit est ce qui est permis.
*Quand le bonhomme est vert, les piétons ont le **droit** de traverser.*

droit, droite

1. Ce qui est droit est ce qui n'est pas de travers ou ce qui ne tourne pas.
*Pour faire un trait **droit**, il est plus facile de prendre une règle.*
2. La droite, c'est le côté du corps où le cœur n'est pas.
*On a une main **droite** et une main gauche.*

dromadaire

Un dromadaire est une sorte de chameau avec une seule bosse sur le dos.
*Les hommes qui vivent dans le désert se déplacent parfois à dos de **dromadaire**.*

dur, dure

1. Ce qui est dur n'est pas mou.
*La viande est trop **dure**, Léo ne peut pas la mâcher.*

2. C'est aussi quelque chose qui est difficile.
*David trouve que c'est **dur** de marcher avec les grands ; ils vont trop vite pour lui.*

durer

Durer, c'est prendre un certain temps.
*L'embouteillage a **duré** plusieurs heures.*

duvet

1. Le duvet, ce sont les plumes toutes petites et très douces des oiseaux.
*Le **duvet** tient chaud aux oiseaux.*
2. C'est aussi un grand sac de couchage plein de duvet.
*Marius dort dans un **duvet**.*

eau

L'eau est un liquide transparent sans lequel on ne peut pas vivre.
*On boit de l'**eau** quand on a soif ; avec l'**eau**, on se lave, on arrose les plantes.*

échanger

Échanger, c'est donner quelque chose à la place d'autre chose.
*Arthur et Valérie ont **échangé** leurs pulls.*

écharpe

Une écharpe est une longue bande de tissu qu'on met autour du cou.
*Karim porte une **écharpe** de laine.*

échelle

Une échelle est faite de barreaux ; elle sert à monter et à descendre.
*Quentin grimpe à l'**échelle** pour cueillir des cerises.*

éclabousser

Éclabousser, c'est envoyer de l'eau de tous les côtés.
*Adrien adore sauter dans les flaques et **éclabousser** tout le monde.*

éclair

Un éclair est une lumière très forte qui traverse le ciel quand il y a de l'orage.
*Si l'on entend le tonnerre longtemps après l'**éclair**, l'orage est encore loin.*

éclairer

Éclairer, c'est faire de la lumière.
Un vieux lampadaire ***éclaire*** *la rue.*

éclater

1. Éclater, c'est s'ouvrir ou se déchirer en faisant un grand bruit.
Le ballon de Zoé a ***éclaté****.*

2. Éclater de rire, c'est tout d'un coup se mettre à rire.
Mario a ***éclaté*** *de rire quand le ballon de Zoé a éclaté !*

école

L'école est l'endroit où les enfants apprennent à parler, à lire, à écrire, à compter.
*À l'****école****, les enfants ont aussi des copains pour jouer.*

écorce

L'écorce protège le tronc et les branches des arbres.
*L'****écorce*** *des pins est très légère ; on peut en faire des petits bateaux qui flottent sur l'eau.*

s'écorcher

S'écorcher, c'est se blesser très légèrement et avoir la peau griffée.
Valérie est tombée ;
elle s'est ***écorché*** *le genou.*

écouter

Écouter, c'est faire attention à ce qu'on entend.
Suzanne ***écoute*** *l'histoire que Jeanne lui raconte.*

écraser

1. Écraser, c'est mettre en miettes ou aplatir complètement.
Pour faire la purée, il faut ***écraser*** *des pommes de terre.*

2. C'est aussi passer sur quelqu'un ou sur un animal avec une voiture.
Le chat s'est fait ***écraser*** *par une voiture.*

3. C'est aussi peser de tout son poids sur quelqu'un ou sur quelque chose.
Bastien ***écrase*** *le pied de Thomas.*

écrire

1. Écrire, c'est tracer les lettres et les chiffres.
Les enfants apprennent à ***écrire*** *à l'école.*
2. C'est aussi faire une lettre.
Tous les dimanches, Catherine ***écrit*** *à sa grand-mère.*

écureuil

Un écureuil est un petit animal au poil roux qui vit dans les arbres.
*L'****écureuil*** *mange des noisettes et des graines.*

écurie

L'écurie est un bâtiment qui sert d'abri aux chevaux.
*Après la course, le cheval rentre à l'****écurie****.*

effacer

Effacer, c'est faire disparaître.
*Antoine n'aime pas son dessin, il l'****efface*** *avec une gomme.*

effort

Faire un effort, c'est faire tout ce qu'on peut pour réussir.
Nicolas fait un gros ***effort*** *pour traverser la piscine en nageant.*

effrayer

Effrayer quelqu'un, c'est lui faire très peur.
Anne s'est déguisée en fantôme, elle a ***effrayé*** *Thomas.*

égal, égale, égaux

1. Ce qui est égal est pareil, a la même taille.
François essaye de faire des parts ***égales*** *en coupant la tarte.*
2. On dit « ça m'est égal » quand cela n'a pas d'importance.
Éric demande : « Veux-tu de la glace ou du gâteau ? » Joseph répond : « Ça m'est ***égal*** *! »*

égout

Les égouts sont de gros tuyaux souterrains par où s'en vont les eaux sales des maisons.
*Les **égouts** emportent les eaux sales vers des usines où elles sont nettoyées.*

élastique

Un élastique est un fil de caoutchouc qui s'étire et qui reprend sa forme quand on le relâche.
*Marie attache ses cheveux avec des **élastiques**.*

électricité

L'électricité permet de s'éclairer, de se chauffer et de faire marcher des appareils.
*La télévision marche à l'**électricité**.*

éléphant

Un éléphant est un énorme animal gris. Il a de grandes oreilles, une trompe et deux défenses en ivoire.
*L'**éléphant** mange de l'herbe ; il vit en Afrique ou en Asie.*

élève

Un élève est un enfant qui va à l'école.
*Dans la classe de Gabriel, il y a 30 **élèves**.*

élever

1. Élever, c'est s'occuper d'un enfant jusqu'à ce qu'il soit grand.
*Mowgli a été **élevé** par les animaux de la jungle.*
2. C'est aussi nourrir des animaux et s'en occuper.
*La fermière **élève** des poules et des lapins.*

3. C'est aussi monter.
*L'avion s'**élève** dans le ciel.*

s'éloigner

S'éloigner, c'est aller loin d'un endroit.
*Le bateau s'**éloigne** ; il n'est plus qu'un petit point sur l'eau.*

embarquer

Embarquer, c'est monter dans un bateau ou dans un avion.
*Les voyageurs doivent aller à la porte 7 pour **embarquer**, ensuite, dans l'avion.*

embouteillage

Un embouteillage se forme quand il y a trop de voitures et qu'elles ne peuvent plus avancer.
Le matin et le soir, il y a souvent des ***embouteillages*** *sur les routes.*

emmener

Emmener, c'est accompagner quelqu'un d'un endroit à un autre.
Monsieur Duval ***emmène*** *Louis et son copain au cinéma.*

empêcher

Empêcher, c'est rendre impossible.
Vénitien fait beaucoup de bruit, il ***empêche*** *sa sœur de dormir.*

emporter

Emporter, c'est prendre quelque chose avec soi pour le porter ailleurs.
Madame Leroux part à la plage ; elle ***emporte*** *un pique-nique.*

enceinte

Une femme enceinte porte un bébé dans son ventre.
La maman d'Antoine est ***enceinte****, elle attend un bébé ; il naîtra dans un mois.*

encre

L'encre est un liquide de couleur qui sert à écrire.
*Rose a fait une tache avec l'****encre*** *de son stylo.*

s'endormir

S'endormir, c'est se mettre à dormir.
*Paul a sommeil ; il a les yeux qui se ferment, il s'****endort****.*

endroit

1. Un endroit, c'est le lieu où se trouve quelque chose ; c'est quelque part où l'on va.
Paul ne se souvient plus à quel ***endroit*** *il a laissé son vélo.*
2. C'est aussi le bon côté de quelque chose.
*Marguerite a mis son pull à l'****endroit****, Hugo l'a mis à l'envers.*

enfant

1. Un enfant est une petite fille ou un petit garçon.
*Cyril est un **enfant** très gai.*
2. C'est aussi le fils ou la fille de quelqu'un.
*Dans la famille de Cyril, ils sont huit **enfants**.*

enfermer

Enfermer, c'est mettre dans un endroit d'où on ne peut pas sortir.
*Les enfants ont **enfermé** l'oiseau dans une cage.*

enfiler

Enfiler, c'est mettre un fil dans le trou d'une aiguille ou d'une perle.
*Léa **enfile** des perles pour faire un joli collier.*

enflammer

Enflammer, c'est mettre le feu.
*Pour **enflammer** une allumette, il faut la frotter sur la boîte.*

enfoncer

1. Enfoncer, c'est faire entrer profondément dans quelque chose.
*Pierre **enfonce** un clou avec un marteau.*
2. C'est aussi aller au fond.
*La barque a coulé, elle s'est **enfoncée** dans l'eau.*
3. C'est aussi casser en poussant très fort.
*Les pompiers ont **enfoncé** la porte.*

s'enfuir

S'enfuir, c'est partir en courant parce qu'on a peur.
*Le chat s'est **enfui** quand il a vu le gros chien.*

enlever

Enlever quelque chose, c'est le retirer.
*Quand les enfants arrivent à l'école, ils **enlèvent** leur manteau.*

s'ennuyer

S'ennuyer, c'est trouver le temps long parce qu'on ne sait pas quoi faire.
*Luc n'a pas de copains de son âge pour jouer ; il s'**ennuie**.*

énorme

Énorme, c'est très, très gros et très, très grand.
Certains dinosaures étaient des animaux ***énormes****.*

enrouler

Enrouler, c'est mettre autour de quelque chose.
Le fil est ***enroulé*** *sur la bobine.*

ensemble

Être ensemble, c'est être avec une ou plusieurs autres personnes.
Marie et Mohamed aiment beaucoup jouer ***ensemble*** *aux Indiens.*

ensoleillé, ensoleillée

Ce qui est ensoleillé reçoit beaucoup de soleil.
Les enfants sont partis en vacances par une belle journée ***ensoleillée****.*

entendre

On entend les sons, les paroles, la musique avec les oreilles.
Au bord de la mer, on ***entend*** *le bruit des vagues.*

enterrer

1. Enterrer, c'est mettre dans la terre.
Avant de quitter l'île, les pirates ***enterrent*** *leur trésor.*
2. C'est aussi mettre un mort en terre.
*Le chien est mort. Les enfants l'****enterrent*** *dans le jardin.*

entier, entière

Ce qui est entier est complet ; il n'y manque rien.
Nadia sait son poème tout ***entier****.*

entourer

1. Entourer, c'est mettre autour.
Camille ***entoure*** *son château de sable de jolis coquillages.*
2. C'est aussi être autour.
Un parc ***entoure*** *le château.*

entre

1. Entre, c'est l'espace qui sépare deux choses ou deux personnes.
*L'école est **entre** la poste et la mairie.*
2. C'est aussi le temps qui sépare deux moments, deux dates.
Les enfants partent faire du ski,
***entre** Noël et le 1er de l'an.*
3. Cela veut dire aussi parmi.
*Pour le dessert, les enfants peuvent choisir **entre** une glace au chocolat et une glace à la fraise.*

entrer

Entrer, c'est aller à l'intérieur.
*Myriam **entre** dans sa classe.*

enveloppe

Une enveloppe est une pochette de papier où l'on met une lettre pour l'envoyer.
*Sur une **enveloppe**, on écrit un nom, une adresse, puis on colle un timbre.*

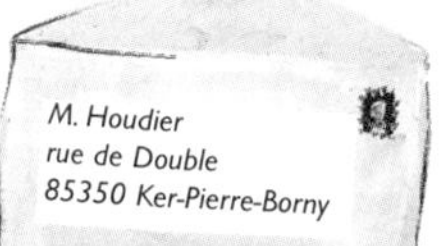

envers

L'envers,
c'est le mauvais côté.
« Le bon roi Dagobert
*a mis sa culotte à l'**envers** »,*
dit la chanson.

envie

Avoir envie de quelque chose, c'est le vouloir tout de suite.
*Clara a **envie** d'une glace.*

s'envoler

1. S'envoler, c'est partir en volant.
*Alice a regardé trop tard par la fenêtre, le rouge-gorge s'était déjà **envolé** !*
2. C'est aussi être emporté par le vent.
Le chapeau
de Sabine
*s'est **envolé** !*

envoyer

1. Envoyer, c'est lancer.
*Jacques **envoie** un ballon à son frère.*
2. C'est aussi mettre à la poste.
*Catherine **envoie** un dessin à son grand-père.*

A B C D E e F G H I J K L M N O P Q R S T U V W X Y Z

épais, épaisse

1. Ce qui est épais a beaucoup d'épaisseur. L'épaisseur de quelque chose, c'est sa grosseur.
Un dictionnaire est plus ***épais*** *qu'un journal.*
2. C'est aussi ce qui n'est pas très liquide.
La soupe est ***épaisse****.*

épée

Une épée est une arme qui a une grande lame et une poignée.
Les mousquetaires se battaient avec une ***épée****.*

épi

Un épi renferme les grains de certaines céréales.
Les grains de blé, de maïs, de seigle forment des ***épis****.*

épicerie

Une épicerie est un magasin où l'on vend de la nourriture. L'épicier est la personne qui tient une épicerie.
Dans une ***épicerie****, on trouve du sel, de l'huile, des pâtes, des légumes, des conserves, du café, du chocolat…*

épinard

L'épinard est une petite plante dont on mange les feuilles.
On mange les ***épinards*** *cuits ou crus, en salade.*

épine

Une épine est un piquant qui se trouve sur certaines plantes.
Les cactus et les tiges des roses ont des ***épines****.*

éplucher

Éplucher, c'est enlever la peau des légumes et des fruits.
Anne a appris à ***éplucher*** *les oranges en faisant une seule épluchure.*

éponge

L'éponge boit l'eau en se gonflant ; elle sert à nettoyer ou à essuyer.
Paul passe une ***éponge*** *pour essuyer l'eau qu'il a renversée.*

épuiser

Épuiser quelqu'un, c'est le fatiguer beaucoup.
*Les enfants sont **épuisés** par leur promenade ; ils se reposent un moment.*

équilibre

Garder son équilibre, c'est réussir à ne pas tomber.
*Pour faire du vélo, il faut bien savoir garder son **équilibre**.*

équipe

Une équipe est un groupe de personnes qui jouent ou qui travaillent ensemble.
*Il y a onze joueurs dans une **équipe** de football.*

erreur

Une erreur, c'est ce qu'on fait quand on se trompe.
*Martine a fait un mauvais numéro de téléphone ; elle ne connaît pas la personne qui lui répond : elle a fait une **erreur**.*

escalade

Faire de l'escalade, c'est grimper sur des rochers.
*Quand on fait de l'**escalade**, on s'attache souvent avec une corde.*

escargot

Un escargot est un petit animal à coquille qui rampe sur le ventre en glissant sur sa bave.
*Les cornes de l'**escargot** lui servent à voir et à toucher ; l'**escargot** se déplace très lentement.*

espace

1. L'espace, c'est la place qu'on a.
*Sur certains trottoirs, il n'y a pas assez d'**espace** pour marcher à deux.*
2. C'est aussi une place vide entre deux choses.
*Quand on écrit, on laisse un **espace** entre les mots.*
3. L'espace, c'est là où il y a la Lune, les planètes et les étoiles.
*Les astronautes voyagent dans l'**espace**.*

espérer

Espérer, c'est vouloir
que quelque chose se passe.
Malek ***espère*** *devenir pilote d'avion.*

essayer

1. Essayer, c'est mettre un habit ou des chaussures pour voir si ça va bien.
Brigitte a ***essayé*** *des chaussures trop petites, elle va en* ***essayer*** *une autre paire.*
2. C'est aussi faire un effort, sans être sûr du résultat.
Mathieu ***essaye*** *de faire du vélo sans tomber.*

essoufflé, essoufflée

Être essoufflé, c'est avoir perdu son souffle.
Noémie a beaucoup couru ; elle est tout ***essoufflée****.*

essuyer

Essuyer, c'est frotter pour enlever l'eau, la poussière ou la saleté.
Après le bain, Nathalie ***essuie*** *Alice avec une serviette.*

étage

Les étages d'une maison, ce sont les espaces les uns au-dessus des autres que l'on habite.
La maison de Pierre a deux ***étages****, une cave et un grenier.*

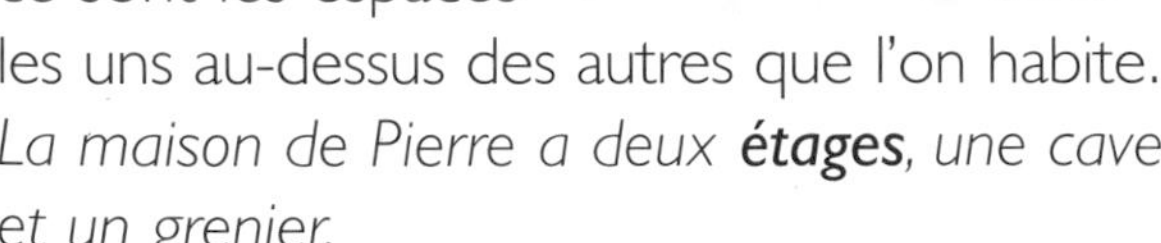

étagère

Une étagère est une planche, sur un mur ou dans un placard, sur laquelle on range des choses.
Les livres sont rangés sur les ***étagères*** *de la bibliothèque.*

étaler

1. Étaler, c'est mettre à plat en prenant de la place.
Lucas a ***étalé*** *toutes ses affaires de plage sur son lit.*
2. C'est aussi étendre une couche fine sur quelque chose.
Zoé ***étale*** *du beurre sur son pain.*

étang

Un étang est de l'eau qui ne coule pas ; il est plus petit qu'un lac et plus grand qu'une mare.
*Quand il fait beau, Sébastien va faire de la barque sur l'****étang****.*

éteindre

1. Éteindre, c'est fermer la lumière.
La maman d'Arthur est montée lui dire bonne nuit et ***éteindre*** *la lumière.*
2. C'est aussi arrêter le feu.
Les pompiers ont ***éteint*** *l'incendie.*

étiquette

Une étiquette est un petit papier qui sert à écrire une information.
Sur une ***étiquette****, on peut marquer le prix d'un objet ou écrire à qui il est.*

étoile

Une étoile est un astre qui brille dans le ciel, la nuit.
*Un ciel étoilé est un ciel où l'on voit plein d'****étoiles****.*

étonné

Être étonné, c'est être surpris.
Danielle est très ***étonnée*** *que sa petite-fille de quatre ans sache déjà nager.*

étouffer

1. Étouffer, c'est empêcher de respirer.

*Élisabeth dit : « Martin, ne me serre pas comme ça, tu m'****étouffes*** *! »*
2. C'est aussi manquer d'air dans une pièce.
Théo dit à sa maman : « Ouvre la fenêtre, s'il te plaît, il fait très chaud, on ***étouffe*** *! »*

étourdi, étourdie

Une personne étourdie oublie tout parce qu'elle ne pense pas assez à ce qu'elle fait.
Émilie a encore oublié son écharpe, c'est une ***étourdie*** *!*

étranger, étrangère

1. Un étranger est une personne qui vient d'un autre pays.
Pour un Anglais, un Français est un ***étranger****.*

2. C'est aussi une personne qu'on ne connaît pas.
La maman d'Alexandre lui a dit de ne pas parler à un ***étranger*** *dans la rue.*

étroit, étroite

Ce qui est étroit n'est pas large.
*La rue est très **étroite**, les voitures ne peuvent pas y passer.*

euro

L'euro est la monnaie européenne.
*Ces bonbons coûtent 2 **euros**.*

s'éveiller

S'éveiller, c'est sortir du sommeil.
*Émilie s'est **éveillée** en sentant l'odeur du pain grillé.*

exact, exacte

Ce qui est exact est juste, est vrai.
*Louis demande à son papa : « C'est vrai que tu habitais à la campagne quand tu étais petit ? » Son papa lui répond : « C'est **exact** ! »*

s'excuser

S'excuser, c'est demander pardon.
*Quand on est en retard, quand on bouscule quelqu'un, on dit : « **Excusez**-moi ! »*

exemple

Un exemple est un cas précis qui sert à faire comprendre ce qu'on est en train d'expliquer.
*Une poule, un cochon sont des **exemples** d'animaux qui vivent à la ferme.*

exercice

Un exercice est un travail qui sert à s'entraîner.
*Jeanne veut être championne de gymnastique ; elle fait des **exercices** tous les soirs.*

exister

Exister, c'est être en vie pour de vrai.
*Blandine ne croit pas que les sorcières **existent**.*

explication

Une explication, c'est ce qu'on dit pour expliquer.
*Alfred a compris où son cadeau était caché, grâce aux **explications** de son papa.*

expliquer

Expliquer, c'est chercher à faire comprendre.
*Le maître **explique** comment les abeilles font le miel.*

---

explorateur, exploratrice

Un explorateur est une personne qui part à la découverte des régions inconnues. Il les explore.
*À la télévision, Sophie a vu un **explorateur** qui avait passé un an dans la forêt vierge.*

---

exploser

Exploser, c'est éclater violemment.
*Les bombes et les grenades **explosent**.*

exposition

Faire une exposition, c'est placer des objets sur des panneaux, des étagères ou dans des vitrines pour que des visiteurs les regardent.
*La maîtresse a fait une **exposition** de tous les dessins des enfants de la classe.*

---

exprès

Ce qui est fait exprès est fait parce qu'on le veut.
*Marie est très en colère, elle a jeté ses affaires par terre **exprès**.*

---

extérieur

Ce qui est à l'extérieur est au-dehors.
*En été, il fait plus chaud à l'**extérieur** qu'à l'intérieur.*

---

extraordinaire

Une chose extraordinaire est une chose étonnante, inhabituelle.
*Lucas sait parler trois langues. C'est **extraordinaire** !*

fabriquer

Fabriquer, c'est faire un objet.
*Alex a **fabriqué** un petit avion avec du bois et un élastique.*

face

1. Face est un autre mot pour dire visage.
*Être **face** à **face**, c'est avoir le visage de quelqu'un devant son visage.*
2. C'est aussi le côté d'une pièce de monnaie où il y a une figure.
*Avant de lancer la pièce, Maria et Delphine doivent choisir entre pile et **face**.*
3. En face, c'est devant et de l'autre côté.
*À table, Alice est assise en **face** de Clara.*

facile

Ce qui est facile est simple et ne demande pas beaucoup d'efforts.
*Zoé trouve que c'est très **facile** d'apprendre à écrire ; Alex, lui, trouve que c'est difficile.*

facteur, factrice

Le facteur est la personne qui apporte le courrier.
*La **factrice** a distribué le courrier dans les boîtes aux lettres de l'immeuble.*

faible

1. Être faible, c'est être un peu fragile parce qu'on a été malade.
*Pierre est encore **faible** ; il tient à peine sur ses jambes.*
2. C'est aussi ne pas être très bon à l'école.
*Sébastien est un peu **faible** en lecture.*

faim

La faim, c'est le besoin et l'envie de manger.
À l'heure du déjeuner, les enfants ont souvent très ***faim****.*

faire

1. Faire, c'est fabriquer.
Marie ***fait*** *une robe pour sa poupée.*
2. C'est aussi s'occuper.
Camille ne s'ennuie jamais : elle sait toujours quoi ***faire****.*
3. C'est aussi nettoyer, mettre de l'ordre.
Martine a ***fait*** *les carreaux, Benjamin* ***fera*** *son lit.*
4. « Il fait beau » veut dire que le temps est beau.
« Il fait nuit » veut dire que c'est la nuit.
Pendant l'été, il ***fait*** *souvent beau.*

famille

1. La famille, c'est les parents et les enfants.
Dans la ***famille*** *de Gilles, ils sont six : le papa, la maman et les quatre enfants.*
2. C'est aussi toutes les personnes qui sont parentes entre elles.
Dans la ***famille****, il y a le père, la mère, les enfants, et aussi les grands-parents, les arrière-grands-parents, les oncles et les tantes, les cousins et les cousines.*

faner

Faner, c'est perdre ses couleurs, ses pétales et sécher.
Ces roses sont ***fanées*** *!*

fanfare

Une fanfare est un groupe de musiciens.
Dans une ***fanfare****, il y a des tambours et des instruments en cuivre, comme les trompettes et les trombones.*

fantôme

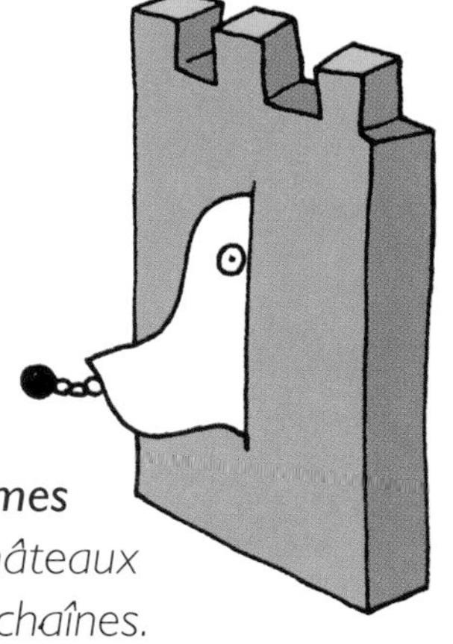

Un fantôme est un personnage inventé, c'est un mort revenant sur terre.
Dans les contes, les ***fantômes*** *traversent les murs des châteaux hantés en secouant leurs chaînes.*

la **famille**

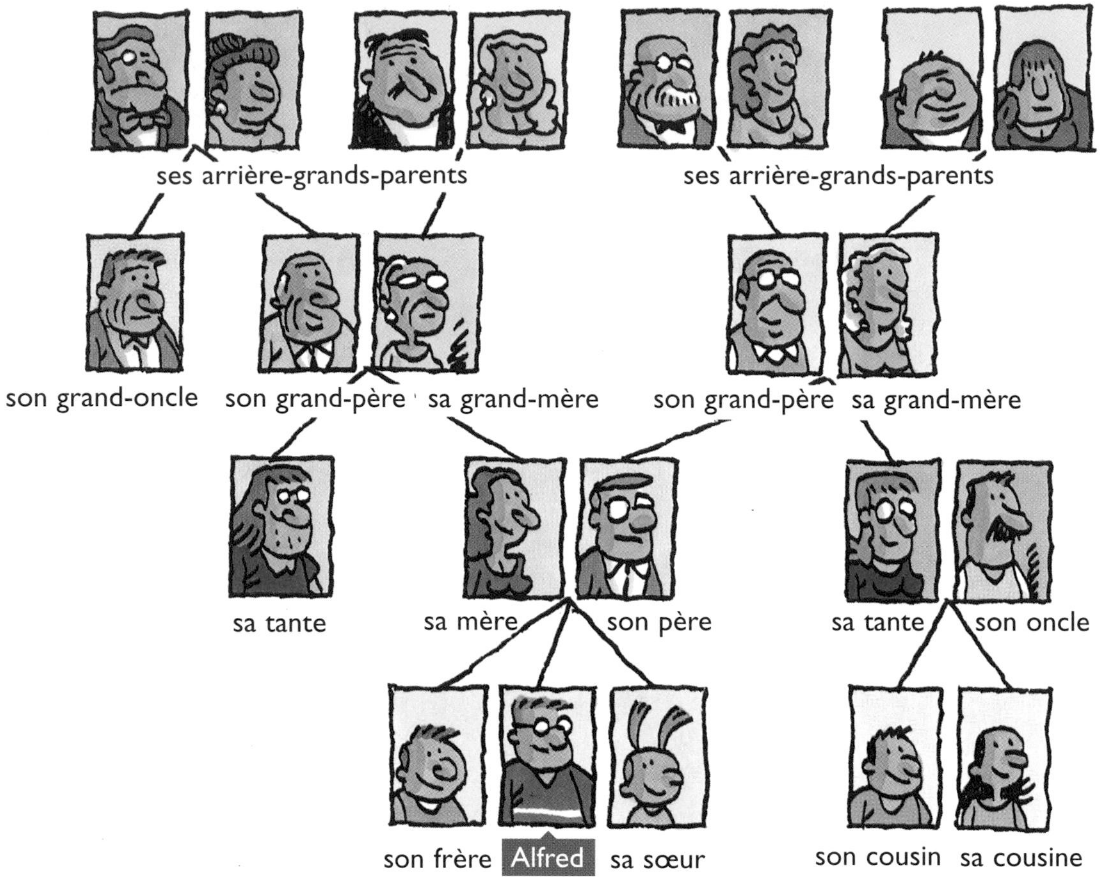

ses arrière-grands-parents — ses arrière-grands-parents

son grand-oncle — son grand-père — sa grand-mère — son grand-père — sa grand-mère

sa tante — sa mère — son père — sa tante — son oncle

son frère — **Alfred** — sa sœur — son cousin — sa cousine

farce

1. Une farce est un petit tour qu'on joue à quelqu'un pour rire.
Antoine adore les ***farces*** *: il a donné un bonbon au poivre à un de ses copains.*
2. C'est aussi un hachis de viande qu'on met à l'intérieur d'un plat.
On fait des tomates farcies en mettant de la ***farce*** *dans les tomates.*

farine

La farine est faite avec des céréales écrasées, transformées en poudre.
Avec de la ***farine*** *de blé, on fait du pain et des gâteaux.*

faute

1. Faire une faute, c'est se tromper, faire une erreur.
*Le dessinateur a fait cinq **fautes** en copiant le dessin ; Awa essaye de les trouver.*
2. « C'est de sa faute » veut dire « c'est à cause de lui ».
*C'est la **faute** d'Antoine si les enfants sont arrivés en retard.*

faux, fausse

1. Ce qui est faux n'est pas vrai.
*Mario dit qu'il n'a pas mangé de bonbons, mais c'est **faux**, il ment !*
2. C'est aussi ce qui n'est pas juste.
*Ce calcul est **faux** : 1 + 1 = 3.*
Ce calcul est juste : 1 + 1 = 2.

fée

Une fée est un personnage des contes qui a des pouvoirs magiques.
*La marraine de Cendrillon est une **fée**.*

femelle

Chez les animaux, la femelle est celle qui porte les petits dans son ventre ou qui pond des œufs.
*La chatte est la **femelle** du chat, le coq est le mâle de la poule.*

féminin

Ce qui est féminin appartient aux filles et aux femmes.
*Ève est un prénom **féminin**.*
Adam est un prénom masculin.

femme

1. Une femme est une grande personne de sexe féminin.
*Une petite fille devient une jeune fille puis une **femme**.*
2. C'est aussi celle avec qui un homme est marié.
*Monsieur Legrand part en voyage avec sa **femme**.*

fente

Une fente est une sorte de trou long et fin.
*Julie regarde le chien par une **fente** de la porte.*

fer

1. Le fer est un métal gris très dur.
*Les squares sont souvent entourés de barreaux en **fer**.*
2. C'est aussi un appareil qui sert à repasser le linge.
*On l'appelle « **fer** » ou « **fer à repasser** ».*

ferme

La ferme est la maison où le fermier et la fermière vivent et où ils travaillent.
*Dans une **ferme**, il y a souvent une étable, un poulailler, une grange, des hangars pour le tracteur et les machines agricoles.*

fermer

1. Fermer, c'est empêcher le passage.
*Muriel **ferme** la porte de sa chambre.*

2. C'est aussi ne plus laisser entrer les clients.
*Le magasin **ferme** à 19 heures.*

fermeture

1. Une fermeture est un système pour fermer.
*Le blouson a une **fermeture** Éclair.*
2. C'est aussi le moment où l'on ferme.
*Lucie arrive souvent après la **fermeture** des portes de l'école.*

fermier, fermière

Le fermier est un agriculteur qui s'occupe d'une ferme.
*Le **fermier** et la **fermière** cultivent les champs et élèvent des bêtes.*

fête

Une fête est une réunion pour s'amuser.
*Pour mardi gras, Loïc a organisé une grande **fête** ; tous ses amis se sont déguisés.*

feu

1. Le feu brûle en donnant de la chaleur et de la lumière.
*En hiver, on fait de grands **feux** dans la cheminée.*
2. C'est aussi un signal lumineux.
*Les voitures doivent s'arrêter au **feu** rouge.*

feuille

1. Les feuilles poussent sur les arbres et les plantes.
*En automne, beaucoup d'arbres perdent leurs **feuilles**.*
2. C'est aussi un morceau de papier pour écrire et dessiner.
*Léa fait un dessin sur une grande **feuille**.*

ficelle

Une ficelle est une corde très fine.
*Mathilde met de la **ficelle** autour du colis.*

fièvre

Avoir de la fièvre, c'est avoir la température de son corps qui augmente.
*On a souvent de la **fièvre** quand on est malade.*

figure

La figure, c'est le visage.
*Charlotte a mangé des mûres ; elle a la **figure** toute violette.*

file

Une file est une suite de personnes ou de choses les unes derrière les autres.
*La voiture rouge a quitté sa **file** pour doubler les autres voitures.*

filet

Un filet est fait de cordes ou de fils croisés.
*Le pêcheur a attrapé des poissons dans son **filet**.*

fille

1. Une fille est une enfant qui deviendra une femme.
*Noémie est une petite **fille** de cinq ans, Lucie est une grande **fille** de sept ans.*
2. La fille d'une personne, c'est son enfant fille.
*Monsieur et madame Darras ont deux **filles**.*

fils

Le fils d'une personne, c'est son enfant garçon.
*Les parents de Pierre et d'Agathe ont un **fils** et une fille.*

fin

La fin de quelque chose, c'est le moment où cela se termine.
*Après la **fin** de l'hiver, c'est le début du printemps.*

fin, fine

Ce qui est fin n'est ni gros ni épais.
*Les fils d'une toile d'araignée sont très **fins**.*

finir

1. Finir, c'est aller jusqu'au bout de quelque chose.
*Sarah a **fini** sa crème au chocolat ; elle en voudrait bien une autre.*
2. C'est aussi se terminer.
*Quand le spectacle est **fini**, tout le monde s'en va.*

flamme

Une flamme est produite par ce qui brûle.
*L'allumette brûle en faisant une petite **flamme**.*

flaque

Une flaque, c'est de l'eau laissée par la pluie sur le sol.
*Juliette adore passer dans les **flaques** avec son vélo.*

flèche

1. Une flèche est une arme faite avec une tige de bois ou de métal pointue.
*Samuel joue aux Indiens avec un arc et des **flèches**.*
2. C'est aussi un dessin en forme de flèche qui montre le chemin.
*Dans la forêt, Marcus a retrouvé son chemin en suivant les **flèches** marquées sur certains arbres.*

fleur

Une fleur est une partie d'une plante. Elle a souvent une jolie forme et de belles couleurs.
*Les roses, le lilas, le muguet, les tulipes sont des **fleurs**.*

fleurir

Fleurir, c'est être en fleur.
*Au printemps, certains arbres **fleurissent**.*

fleuve

Un fleuve, c'est une rivière qui se jette dans la mer.
*La Seine, la Loire, le Rhône, la Garonne, le Rhin sont des **fleuves**.*

flocon

Un flocon de neige, c'est un tout petit bout de neige qui tombe du ciel.
*La neige tombe en gros **flocons**.*

flotter

Flotter, c'est tenir sur l'eau sans s'enfoncer.
*Les bateaux, les bouchons, les matelas pneumatiques **flottent**, mais la pierre coule au fond de l'eau.*

flûte

Une flûte est un instrument de musique.
*Le flûtiste souffle dans la **flûte** en posant ses doigts sur certains trous.*

foin

Le foin est de l'herbe séchée.
*Pendant l'hiver, le fermier donne du **foin** à manger à ses bêtes.*

foncé, foncée

Une couleur foncée est sombre.
*Quand il fait beau, le ciel est bleu clair, la mer est bleu **foncé**.*

fond

1. Le fond est la partie la plus basse, loin de la surface.
*La chanson dit : « Au **fond** de la mer, les poissons sont assis. »*
2. C'est aussi l'endroit le plus loin de l'entrée.
*Le **fond** de la grotte est tout noir.*

fondre

1. Fondre,
c'est devenir liquide à cause de la chaleur.
Quand il fait moins froid, la neige **fond***,*
il ne reste plus que de l'eau.
2. C'est aussi se mélanger à un liquide.
Pour faire du caramel, on fait **fondre** *du sucre dans un peu d'eau en mélangeant bien.*

fontaine

Une fontaine est une construction avec un bassin dans lequel l'eau coule.
En ville, les **fontaines** *ont souvent un jet d'eau.*

forêt

Une forêt est un très grand bois.
Les enfants ramassent des marrons et des feuilles mortes dans la **forêt***.*

forme

1. La forme est le dessin extérieur d'une chose.
La Terre a la **forme** *d'une orange.*
2. Être en forme, c'est se sentir très bien.
Le matin, les enfants sont souvent en pleine **forme** *!*

fort

1. Être fort, c'est avoir beaucoup de muscles.
Michel est un homme très **fort** *; il peut porter des caisses très lourdes.*
2. C'est aussi être bon dans quelque chose.
Anita est très **forte** *en calcul.*
3. C'est aussi être puissant.
Le son de la télévision est trop **fort** *!*

fou, folle

Celui qui est fou ne sait plus ce qu'il dit, ni ce qu'il fait.
Cette dame fait de grands gestes ; elle a l'air un peu **folle***.*

fouiller

Fouiller, c'est chercher partout pour trouver quelque chose.
Pascal a **fouillé** *toute sa chambre, mais il n'a pas trouvé ses clés.*

foulard

Un foulard est un morceau de tissu qui se met sur la tête ou autour du cou.
*Les cow-boys portent souvent un **foulard** autour du cou.*

foule

Une foule, c'est un très grand nombre de personnes qui sont rassemblées.
*Madame Dublanc a peur de perdre ses enfants dans la **foule**.*

fourmi

La fourmi est un petit insecte noir ou rouge ; elle vit en groupe dans une fourmilière.
*Une **fourmi** a six pattes et deux antennes.*

fourrure

La fourrure est la peau couverte de poils de certains animaux.
*Olga porte un manteau de **fourrure**.*

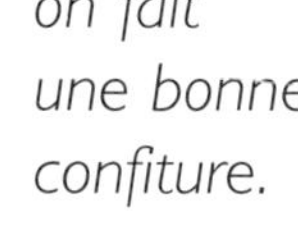

fragile

Ce qui est fragile n'est pas solide et se casse facilement.
*Les verres sont **fragiles**.*

frais, fraîche

1. Ce qui est frais est un peu froid.
*Quand le vent est **frais**, il faut se couvrir.*
2. C'est aussi ce qui vient d'être récolté ou fabriqué.
*Lola aime beaucoup le pain **frais**.*

fraise

Une fraise est un fruit rouge et sucré. Les fraises poussent sur les fraisiers.
*Les **fraises** du jardin sont plus grosses que les **fraises** des bois.*

framboise

Une framboise est un petit fruit rouge très sucré qui pousse sur les framboisiers.
*Avec les **framboises**, on fait une bonne confiture.*

A B C D E F G H I J K L M N O P Q R S T U V W X Y Z

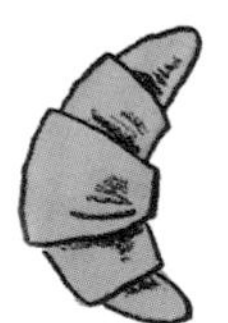
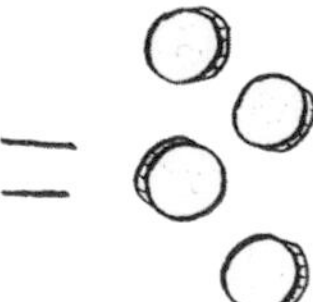

franc

Le franc est le nom de la monnaie française.
Il sera bientôt remplacé par l'euro.
Un croissant coûte à peu près 4 ***francs****.*

frapper

1. Frapper quelqu'un, c'est lui donner des coups.
Thomas a ***frappé*** *Arthur ; il lui a fait mal.*
2. C'est aussi donner des coups sur quelque chose.
Kevin veut qu'on ***frappe*** *à la porte de sa chambre, avant d'entrer.*

frein

Un frein sert à freiner, c'est-à-dire à ralentir sa vitesse ou à s'arrêter.

Sur un vélo ou sur une voiture, il faut avoir de bons ***freins*** *et ne pas rouler trop vite !*

frisé, frisée

Être frisé, c'est avoir les cheveux qui font des petites boucles serrées.
Raphaël a les cheveux ***frisés*** *; ceux de son frère sont tout raides.*

frissonner

Frissonner, c'est trembler de froid.
Quand on entre dans de l'eau froide, on ***frissonne****.*

froid

Ce qui est froid a une température basse.
En été, Zoé adore prendre une douche ***froide*** *!*

fromage

Le fromage est fait avec du lait de vache, de chèvre ou de brebis.
Le camembert, le gruyère, le cantal, le roquefort sont des ***fromages****.*

frontière

Une frontière, c'est la limite entre deux pays voisins.
*La France a une **frontière** avec la Belgique, le Luxembourg, l'Allemagne, la Suisse, l'Italie et l'Espagne.*

frotter

Frotter, c'est bouger la main en appuyant fort pour gratter ou nettoyer.
*Joseph **frotte** le fond de la casserole avec une éponge.*

fruit

Un fruit pousse sur un arbre ou sur une plante. C'est une partie de la fleur qui se transforme en fruit.
*Les pommes, les fraises, les châtaignes, mais aussi les tomates et les avocats sont des **fruits**.*

fumée

La fumée est une sorte de nuage qui vient de ce qui brûle ou de ce qui est très chaud.
*Le gâteau a brûlé, il y a plein de **fumée** dans la cuisine !*

furieux, furieuse

Être furieux, c'est être très en colère.
*Bernard est **furieux** ; quelqu'un a abîmé sa voiture.*

fusée

1. Une fusée est une machine volante qui voyage dans l'espace.
*Des savants ont envoyé une **fusée** sur la planète Mars, pour prendre des photos.*
2. C'est aussi un tube qui sert à faire des feux d'artifice.
*Les **fusées** du feu d'artifice sont de toutes les couleurs.*

gagner

1. Gagner, c'est avoir les meilleurs résultats dans un jeu.
Babeth ***gagne*** *toujours, ce n'est pas amusant de jouer avec elle !*
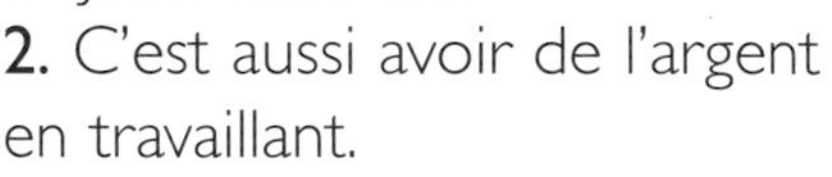
2. C'est aussi avoir de l'argent en travaillant.
Stéphanie ***gagne*** *de l'argent en vendant des glaces.*

galipette

Faire la galipette, c'est poser sa tête et ses mains par terre et rouler.
Arthur fait une ***galipette****.*

gant

Un gant a cinq doigts, il sert à protéger la main.
En hiver, Léa met des ***gants*** *de laine.*

garage

1. Un garage est un bâtiment où l'on gare sa voiture.
Monique rentre sa voiture au ***garage****.*
2. C'est aussi l'endroit où l'on répare les voitures.
Gérard fait réparer son pneu au ***garage****.*

garçon

Un garçon est un enfant qui deviendra un homme.
Quand le papa de Théo était un petit ***garçon****, il vivait à la campagne.*

garder

1. Garder quelqu'un, c'est le surveiller.
Parfois, Pierre ***garde*** *son petit frère Antoine.*
2. C'est aussi ne pas se séparer de quelque chose.
Antoine a ***gardé*** *sa première peluche.*

garderie

La garderie est
un endroit où l'on garde les petits enfants.
À la ***garderie****, les enfants dessinent et ils apprennent des chansons.*

gardien, gardienne

Un gardien est une personne dont le métier est de garder et de surveiller.
Il y a des ***gardiennes*** *d'immeuble, des* ***gardiens*** *de square, des* ***gardiens*** *ou des* ***gardiennes*** *de musée.*

gare

La gare est le bâtiment où les trains s'arrêtent et d'où ils repartent.
Léo est allé chercher son père à la ***gare****.*

se garer

Se garer, c'est trouver une place pour ranger sa voiture.
La maman de Charlotte s'est ***garée*** *près de l'école.*

gâteau

Un gâteau est fait avec de la farine, des œufs, du lait, du sucre.
Les choux à la crème, les tartes, les biscuits, les meringues sont des ***gâteaux****.*

gauche

1. Ce qui est à gauche est du côté du corps où il y a le cœur.
Léa est gauchère : elle écrit et elle coupe sa viande de la main ***gauche****.*
2. C'est aussi une direction.
Au croisement, la voiture a tourné à ***gauche****.*

géant, géante

Un géant est une personne très, très grande, gigantesque.
Dans les contes de fées, il y a souvent des ***géants****.*

geler

1. Geler, c'est se transformer en glace.
On fait du patin à glace sur de l'eau qui a ***gelé****.*
2. On dit aussi qu'on gèle quand on a très froid.
Pierre dit : « On ***gèle*** *ici, il faut mettre plus de chauffage. »*

gêner

Gêner, c'est empêcher quelqu'un de faire ce qu'il a à faire.
Les enfants font trop de bruit ; ils ***gênent*** *leur papa, qui écoute de la musique.*

génial

1. Quelque chose de génial est très, très bien.
Clément dit : « Ce soir, je vais au cirque ! C'est ***génial*** *! »*
2. Une personne géniale a une intelligence extraordinaire.
Un savant ***génial*** *a inventé un nouveau vaccin.*

gens

Les gens, ce sont des personnes.
À la fête, il y avait beaucoup de ***gens*** *que Claire ne connaissait pas.*

gentil, gentille

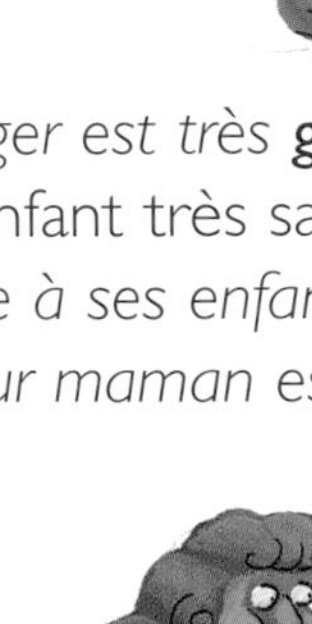

1. Quelqu'un de gentil est agréable et aime bien faire plaisir.
Le nouveau boulanger est très ***gentil****.*
2. C'est aussi un enfant très sage.
Jean-Louis demande à ses enfants d'être ***gentils*** *car leur maman est fatiguée !*

geste

Un geste est un mouvement qu'on fait avec les mains, les bras ou la tête.
Marion a la bouche pleine, elle parle à Thomas par ***gestes****.*

gesticuler

Gesticuler, c'est faire beaucoup de gestes et dans tous les sens.
Léa est excitée, elle ***gesticule*** *en racontant ce qui lui est arrivé.*

gigantesque

Ce qui est gigantesque est très grand, énorme.
Certains dinosaures étaient des animaux ***gigantesques****.*

girafe

La girafe est un animal d'Afrique qui a des pattes et un cou très longs. Son petit est le girafeau ou girafon.
*La **girafe** peut manger les feuilles d'arbres très hauts.*

---

girouette

Une girouette est une plaque de métal qui, en tournant, montre d'où vient le vent.
*La **girouette** du clocher a la forme d'un coq.*

---

glace

1. La glace est de l'eau gelée.
*Quand il fait très froid, il y a de la **glace** dans les caniveaux.*
2. C'est aussi de la crème glacée.
*Anna mange une **glace** au chocolat.*
3. C'est aussi un miroir.
*Marion se coiffe devant la **glace**.*
4. C'est aussi une vitre.
*Quand un automobiliste a trop chaud, il baisse sa **glace**.*

---

glaçon

Un glaçon est un petit morceau de glace.
*Saïd met un **glaçon** dans son jus de fruits.*

glisser

Glisser, c'est se déplacer très vite sur une surface toute lisse.
*Samuel **glisse** sur le toboggan.*

---

gomme

Une gomme est un morceau de plastique ou de caoutchouc qui sert à effacer ce qu'on a écrit avec un crayon.
*Jonathan a fait des jambes trop longues à son bonhomme. Il va les effacer avec sa **gomme**.*

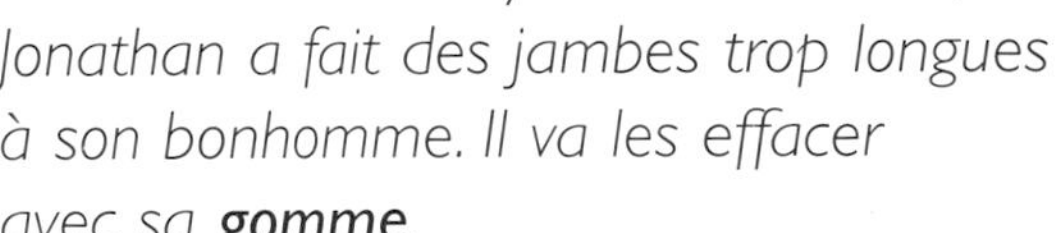

gonfler

1. Gonfler, c'est remplir d'air.
*La roue du vélo est à plat, il faut la **gonfler**.*
2. C'est aussi devenir plus gros.
*Adeline a été piquée par une guêpe, son bras est tout **gonflé**.*

gorge

La gorge est le fond de la bouche.
*Luc a mal à la **gorge**, il a une angine.*

gorille

Le gorille est le plus fort et le plus grand de tous les singes.
*Les **gorilles** vivent en groupe. Ils mangent des feuilles et des fruits.*

---

gourmand, gourmande

Une personne gourmande aime beaucoup manger ce qui est bon.
*Il n'y a plus de chocolat, une petite **gourmande** est passée par là !*

---

goût

Le goût, c'est ce qu'on sent dans sa bouche en mangeant quelque chose.
*Mohamed adore le caramel, il trouve que ça a très bon **goût**.*

---

goûter

1. Goûter, c'est manger un petit peu pour essayer.
*Carlos n'a jamais mangé d'épinards, mais il veut bien les **goûter**.*
2. C'est aussi prendre son goûter.
*Léa a invité Mathilde à **goûter**.*

goûter

Le goûter, ce sont les tartines ou les petits gâteaux que l'on mange dans l'après-midi.
*Après l'école, les enfants prennent leur **goûter**.*

---

goutte

Une goutte, c'est un tout petit peu de liquide qui a une forme ronde.
*« **Goutte**,*
gouttelette de pluie,
mon chapeau se mouille.
***Goutte**,*
gouttelette de pluie,
mes souliers
aussi. »

---

grain

1. Le grain est la graine ou le fruit de certaines plantes.
*On fait la farine en écrasant les **grains** de blé.*

2. C'est aussi un minuscule morceau d'une matière.
*Marcus a un **grain** de sable dans l'œil.*

graine

La graine est la partie de la plante qu'on enterre pour avoir une nouvelle plante.
*Sébastien plante une **graine** de tournesol dans son jardin.*

---

grand, grande

1. Être grand, c'est avoir une taille haute.
*Bastien est très **grand**, Jean est tout petit.*
2. C'est aussi être plus âgé.
*Quand Mathilde sera **grande**, elle veut être maîtresse d'école !*
3. C'est aussi avoir une surface importante.
*Paris est une très **grande** ville.*
4. C'est aussi être fort.
*Il y a eu un **grand** bruit qui a fait peur aux enfants.*

---

grandir

Grandir, c'est devenir plus grand.
*Louis a beaucoup **grandi** pendant l'été ; il dépasse tous ses copains !*

grange

Une grange est un bâtiment où le fermier met le foin, la paille.
*Quand il pleut, les enfants du fermier jouent dans la **grange**.*

---

grappe

Une grappe, c'est des fruits ou des fleurs qui poussent serrés sur une tige.
*Marc a cueilli une **grappe** de raisin sur la vigne.*

---

gratter

1. Se gratter, c'est se frotter avec ses ongles ou avec ses griffes.
*Le chien n'arrête pas de se **gratter** : il a dû attraper une puce.*
2. Gratter, c'est frotter avec quelque chose de dur.
*Quand il a fait ses besoins, le chat **gratte** la terre avec ses griffes.*

gratuit, gratuite

Quand une chose est gratuite, on ne la paye pas.
*Marion a gagné un tour de manège **gratuit**.*

grave

1. Ce qui est grave est important et peut avoir des suites très gênantes.
*Matthias s'est fait un petit bobo, ce n'est pas **grave** !*
2. Un son grave est un son plus bas qu'un son aigu.
*Les hommes ont une voix plus **grave** que les petits garçons.*

gravier

Le gravier, c'est un ensemble de petits cailloux.
*Il y a souvent du **gravier** dans les allées des jardins.*

grelotter

Grelotter, c'est trembler de froid.
*Pierre a oublié de mettre son manteau ; il **grelotte**.*

grenier

Le grenier est la partie de la maison qui est sous le toit.
*Dans le **grenier**, les enfants ont trouvé de vieux habits pour se déguiser.*

grenouille

La grenouille est un petit animal à quatre pattes qui vit à la fois dans l'eau et sur terre.
*La **grenouille** saute dans la mare et elle se met à nager très vite.*

grève

Faire la grève, c'est s'arrêter de travailler pour dire qu'on n'est pas d'accord.
*Les travailleurs font la **grève** parce qu'ils trouvent qu'ils ne gagnent pas assez d'argent.*

griffe

Les griffes sont les ongles pointus et crochus des animaux. Donner un coup de griffe ou d'ongle, c'est griffer.
*Les tigres, les lapins, les chats, les chiens ont des **griffes**.*

grille

Une grille, c'est des barreaux de fer qui entourent un terrain ou qui servent de porte.
*Un grillage est plus fin qu'une **grille**. Il est fait de fils de fer qui se croisent.*

griller

Griller, c'est faire cuire sur un feu, sans beurre et sans huile.
*Jean-Marc fait **griller** des saucisses sur le feu.*

grimace

Une grimace est un mouvement pas très joli du visage qu'on fait exprès ou parfois sans le vouloir.
*Lise fait des **grimaces** pour faire rire Julien.*

grimper

Grimper, c'est monter en haut de quelque chose.
*Martin adore **grimper** aux arbres.*

grogner

Certains animaux grognent, c'est-à-dire qu'ils poussent des petits cris qui ressemblent à des ronflements.
*Le sanglier, le cochon, l'ours **grognent**.*

gronder

1. Gronder quelqu'un, c'est lui faire des reproches.
*Marc **gronde** Quentin parce qu'il a tapé son frère.*
2. Gronder, c'est aussi faire un bruit grave et fort, qui fait peur.
*Quand l'orage **gronde**, il faut vite rentrer à la maison !*

gros, grosse

1. Être gros, c'est peser trop lourd.
*Paul est un peu trop **gros** !*
2. C'est aussi être très fort ou important.
*Élise a un **gros** chagrin.*

grotte

Une grotte est un gros trou dans un rocher ou sous la terre.
*Il y a très longtemps, les hommes vivaient dans des **grottes**.*

groupe

Un groupe, c'est plusieurs personnes qui sont ensemble.
*La maîtresse fait travailler les enfants par petits **groupes**.*

grue

1. Une grue est une machine qui sert à soulever des objets très lourds.
*Sur le chantier, la **grue** soulève de gros blocs de pierre.*
2. C'est aussi un grand oiseau.
*Une **grue** a de longues pattes.*

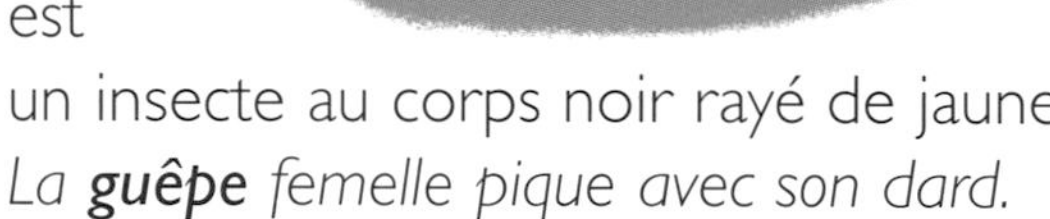

guêpe

La guêpe est un insecte au corps noir rayé de jaune.
*La **guêpe** femelle pique avec son dard.*

guérir

Guérir, c'est ne plus être malade.
*Le vétérinaire donne des médicaments à Sidonie pour qu'elle **guérisse** vite.*

guerre

La guerre, c'est quand des pays se battent les uns contre les autres.
*Les hommes se font souvent la **guerre**.*

gueule

« Gueule » est le nom de la bouche de certains animaux.
*On parle de la **gueule** du loup, du chien, du lion, du tigre.*

guirlande

Une guirlande sert à décorer.
*Il y a des **guirlandes** de fleurs, des **guirlandes** de papier découpé, des **guirlandes** d'ampoules de toutes les couleurs.*

guitare

Une guitare est un instrument de musique avec des cordes.
*La personne qui joue de la **guitare** s'appelle un guitariste.*

H h

s'habiller

S'habiller, c'est mettre ses habits.
*Léa est grande ; elle sait s'**habiller** toute seule.*

---

habitant

Un habitant, c'est une personne qui vit quelque part.
*Paris a beaucoup d'**habitants**.*

---

habitude

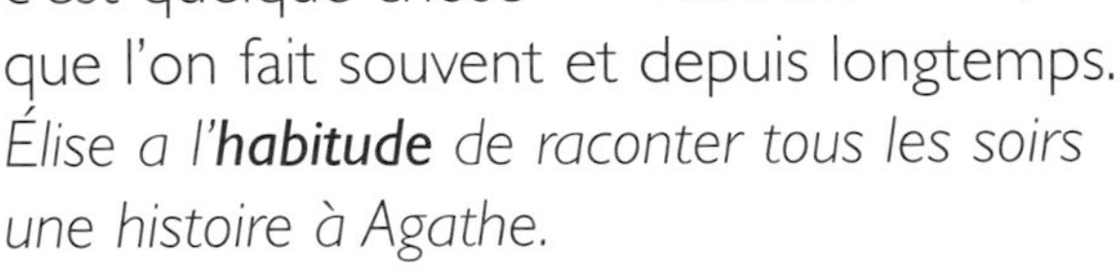

1. Une habitude, c'est quelque chose que l'on fait souvent et depuis longtemps.
*Élise a l'**habitude** de raconter tous les soirs une histoire à Agathe.*
2. D'habitude, c'est presque toujours.
*D'**habitude**, Quentin s'endort avec son nounours dans les bras.*

s'habituer

S'habituer, c'est prendre l'habitude.
*Agathe s'**habitue** à s'endormir sans lumière.*

---

haie

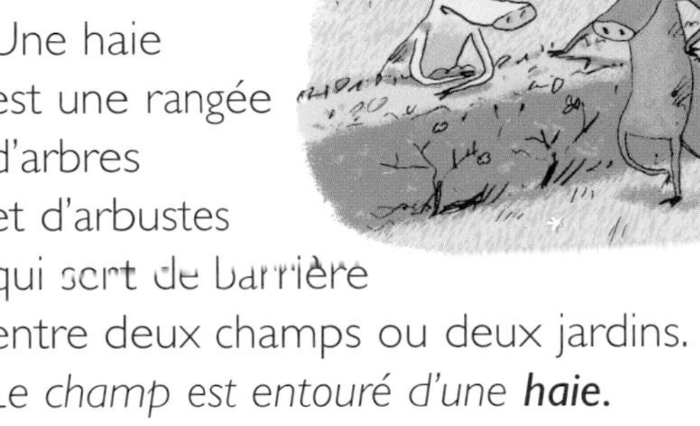

Une haie est une rangée d'arbres et d'arbustes qui sert de barrière entre deux champs ou deux jardins.
*Le champ est entouré d'une **haie**.*

---

hamster

Un hamster est un petit animal roux et blanc, un peu plus gros qu'une souris.
*Pour se nourrir, le **hamster** ronge des graines et des légumes.*

A B C D E F G H I J K L M N O P Q R S T U V W X Y Z

handicapé

Un handicapé est une personne dont le corps ou le cerveau ne fonctionnent pas comme ils devraient.
*Depuis son accident de voiture, Pierre ne peut plus marcher ; il se déplace dans un fauteuil roulant ; c'est un **handicapé**.*

---

hangar

Un hangar est un grand bâtiment où l'on range des voitures, des machines, des outils.
*Le tracteur est à l'abri sous le **hangar**.*

---

hanté, hantée

Dans les contes, un endroit hanté est un endroit visité par les fantômes.
*Au parc d'attractions, il y a un jeu qui se passe dans une maison **hantée**.*

haricot

Le haricot est un légume.
*Il y a des **haricots** verts, des **haricots** blancs, des **haricots** rouges.*

---

haut, haute

1. Ce qui est haut est élevé, très grand.
*La tour Eiffel est très **haute**, elle dépasse tous les immeubles de Paris.*
2. C'est aussi ce qui est fort.
*La maîtresse parle à voix **haute**, pour que tous les enfants l'entendent.*

---

haut

Le haut est la partie du dessus.
*Antoine a perdu le **haut** de son pyjama.*

---

en haut

En haut, c'est à un endroit élevé.
*Le chat a grimpé jusqu'en **haut** de l'arbre.*

hérisson

Un hérisson
est un petit animal.
Son corps est couvert de piquants.
Quand il a peur, le ***hérisson*** *se met en boule.*

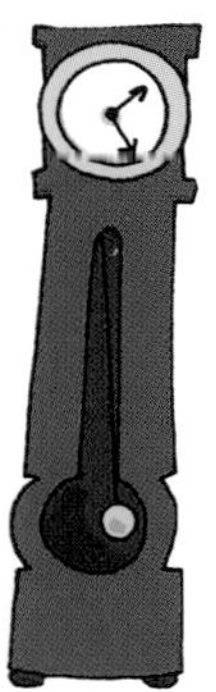

heure

1. L'heure sert à mesurer le temps.
*Les montres, les pendules, les horloges donnent l'****heure****.*
2. C'est aussi un moment de la journée.
*À l'****heure*** *du déjeuner, Marius a faim !*

---

heureusement

« Heureusement »
veut dire « par chance ».
Lucie avait oublié sa poupée dans le magasin, ***heureusement****, elle l'a retrouvée.*

heureux, heureuse

Une personne
heureuse est gaie
et contente.
Charlotte est ***heureuse*** *: tous ses amis viennent à son anniversaire.*

hibou

Le hibou est un oiseau
de nuit ; il ressemble
à la chouette,
mais il a deux petites touffes
de plumes dressées sur la tête.
Les ***hiboux*** *vivent dans le creux des arbres ; ils mangent des souris.*

---

hier

Hier est le jour
d'avant aujourd'hui.
Si aujourd'hui, c'est lundi, ***hier****, on était dimanche.*

---

hippopotame

Un hippopotame
est un gros animal
qui vit dans les fleuves
d'Afrique.
Parfois, les ***hippopotames*** *sortent de l'eau ; ils peuvent alors courir très vite.*

---

hirondelle

Une hirondelle
est un petit oiseau
qui a un dos noir et un ventre blanc.
À l'automne, les ***hirondelles*** *partent vivre dans les pays chauds ; elles reviennent au printemps.*

histoire

Une histoire est quelque chose de vrai ou d'inventé que l'on raconte.
La petite Noémie aime beaucoup les ***histoires*** *que son papa lui raconte avant qu'elle s'endorme.*

homme

1. Un homme est une grande personne de sexe masculin.
Le grand-père et le père de Fabrice sont des ***hommes*** *; Fabrice deviendra un* ***homme*** *quand il sera grand.*
2. Les hommes sont toutes les personnes qui vivent sur la Terre.
*Il y a six milliards d'****hommes*** *sur la Terre.*

honte

Avoir honte, c'est vouloir se cacher parce qu'on se sent ridicule ou parce qu'on a fait quelque chose de mal.
Luc a ***honte*** *parce qu'il a fait une grosse bêtise.*

hôpital, hôpitaux

Un hôpital est un endroit où les infirmiers et les médecins soignent les blessés et les malades.
*Maxime s'est cassé la jambe ; on l'a soigné à l'****hôpital****.*

horrible

Ce qui est horrible est affreux ou fait peur.
Agathe ne peut pas dormir : elle a fait un ***horrible*** *cauchemar.*

humeur

L'humeur, c'est comment on se sent, gai ou triste.
Pierre est de mauvaise ***humeur*** *; il n'est pas content ; rien ne lui plaît. Léa est de bonne* ***humeur*** *; elle est très gaie.*

hurler

Hurler, c'est crier de toutes ses forces.
Emmanuelle a ***hurlé*** *en voyant une souris.*

A B C D E F G Hh I J K L M N O P Q R S T U V W X Y Z

idée

Une idée, c'est ce qu'on trouve dans sa tête en réfléchissant.
*Isabelle a une **idée** : elle propose d'aller se baigner.*

igloo

Un igloo est un abri fait de blocs de neige.
Il a la forme d'un demi-ballon.
*Quand ils chassent, les Esquimaux dorment dans des **igloos**.*

île

Une île est une terre entourée d'eau.
*La Corse, l'Angleterre, l'Irlande sont des **îles**.*

image

Une image est un dessin ou une photo qui représente quelque chose.
*Dans ce dictionnaire, il y a beaucoup d'**images**.*

imaginer

Imaginer, c'est se faire une image de quelque chose qu'on ne connaît pas.
*Avant Noël, Juliette **imagine** les cadeaux qu'elle va avoir.*

imiter

Imiter, c'est faire exactement pareil.
*Bastien **imite** très bien le cri de la chouette.*

immense

Ce qui est immense est très, très grand.
*L'océan est **immense**.*

immeuble

Un immeuble est un bâtiment à plusieurs étages.
*Dans l'**immeuble** de Victor, il y a des appartements ; dans l'**immeuble** d'à côté, il y a des bureaux.*

impatient, impatiente

Une personne impatiente supporte mal d'attendre.
*Quentin est **impatient** de savoir ce qu'il y a dans le paquet.*

important, importante

Ce qui est important compte beaucoup.
*Les enfants doivent comprendre ce qu'ils apprennent ; c'est très **important**.*

impossible

Ce qui est impossible ne peut pas se faire.
*Un homme ne peut pas porter des enfants dans son ventre, c'est **impossible**.*

imprimante

Une imprimante est un appareil qui imprime sur du papier ce qui est écrit ou dessiné sur l'écran de l'ordinateur.
*Grâce à son **imprimante**, Gérard imprime les dessins de Marcus.*

imprimer

Imprimer, c'est reproduire un texte, un dessin ou une photo en plusieurs exemplaires.
*Chaque jour, les imprimeurs **impriment** des journaux.*

incendie

Un incendie est un grand feu qui se met à flamber sans qu'on puisse l'empêcher.
*Le pompier lance de l'eau pour éteindre l'**incendie**.*

incroyable

Quelque chose d'incroyable est quelque chose qu'on a du mal à croire.
*François a beaucoup grandi en quelques mois, c'est **incroyable** !*

Indien, Indienne

Les Indiens sont les premiers habitants d'Amérique.
*Les **Indiens** vivaient en petits groupes, en tribus.*

indiquer

1. Indiquer, c'est montrer.
*La petite aiguille de la montre **indique** les heures.*
2. C'est aussi expliquer le chemin.
*Le policier **indique** le chemin de la mairie à la dame.*

---

infirmier, infirmière

Un infirmier est une personne qui soigne les malades. Il fait les pansements et les piqûres.
*Une **infirmière** vient faire une piqûre à Bernard tous les soirs.*

---

injuste

Être injuste, c'est ne pas être juste.
*Punir quelqu'un qui n'a rien fait, donner plus à une personne qu'à une autre, c'est **injuste**.*

---

inondation

Il y a une inondation quand l'eau déborde.
*Le fleuve a débordé, l'eau recouvre les routes et les champs, c'est une **inondation**.*

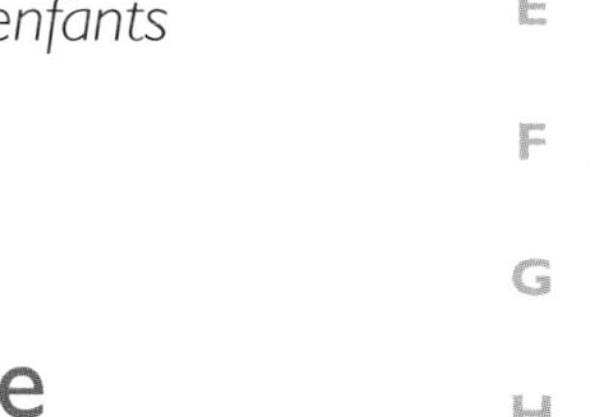

s'inquiéter

S'inquiéter, c'est se faire du souci.
*Françoise s'**inquiète** quand ses enfants sont en retard.*

---

s'inscrire

S'inscrire, c'est écrire son nom pour faire partie de quelque chose.
*Les enfants qui peuvent partir en classe verte doivent s'**inscrire**.*

---

insecte

Un insecte est une petite bête qui a six pattes, deux antennes et souvent des ailes.
*Les poux, les fourmis, les coccinelles, les mouches, les guêpes, les abeilles, les grillons, les libellules sont des **insectes**.*

---

s'installer

1. S'installer, c'est se mettre bien confortablement sur un siège ou sur un lit.
*Les enfants se sont **installés** dans le canapé pour regarder la télévision.*
2. C'est aussi apporter toutes ses affaires là où l'on va vivre ou travailler.
*Un médecin vient de s'**installer** dans l'immeuble de Muriel.*

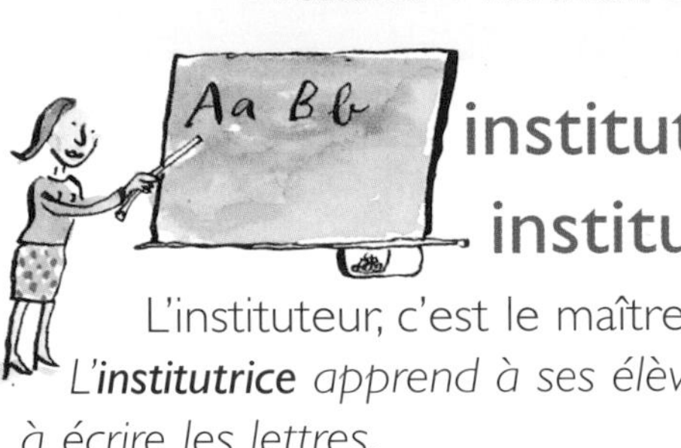

instituteur, institutrice

L'instituteur, c'est le maître d'école.
*L'**institutrice** apprend à ses élèves à écrire les lettres.*

---

instrument

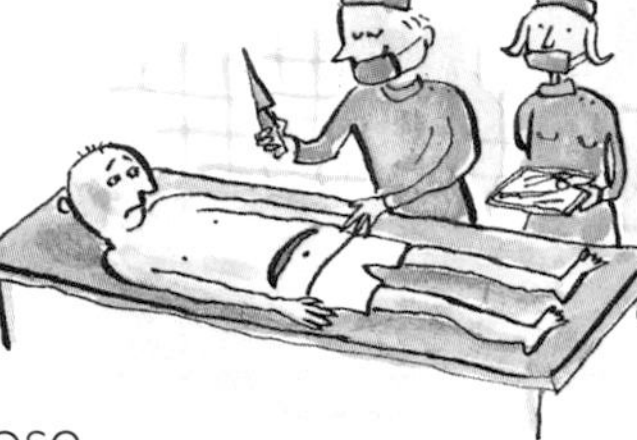

1. Un instrument est un objet ou un outil qui aide à faire quelque chose.
*Le chirurgien utilise des **instruments** pour opérer les malades.*
2. C'est aussi ce qui sert à faire de la musique.
*Le tambour, la guitare, le piano, la trompette sont des **instruments** de musique.*

---

intéresser

Intéresser, c'est plaire sans jamais ennuyer.
*Les oiseaux **intéressent** beaucoup Adrien, il les observe ; il sait très bien les reconnaître.*

---

intérieur

Ce qui est à l'intérieur est au-dedans.
*Les radis sont blancs à l'**intérieur** et rouges à l'extérieur.*

inutile

Ce qui est inutile ne sert à rien.
*C'est **inutile** de garder des jouets quand personne ne joue plus avec.*

---

inventer

Inventer, c'est imaginer et faire quelque chose qui n'existait pas encore.
*Quentin adore **inventer** des histoires.*

---

inverse

L'inverse de quelque chose, c'est ce qui est exactement dans l'autre sens.
*Marion a croisé Sophie qui venait en sens **inverse**.*

---

invisible

Ce qui est invisible ne peut pas se voir.
*Pendant la journée, les étoiles sont **invisibles**… sauf le Soleil !*

• jet • jeter • jeton • joie • jongler • jouet

jet

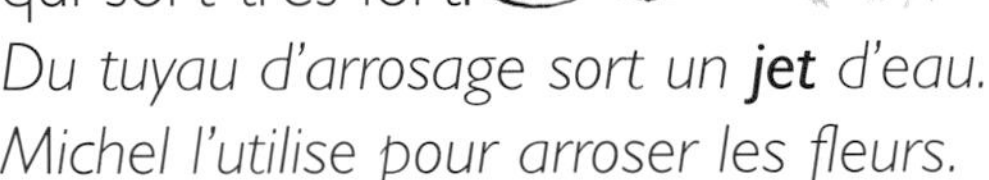

Un jet d'eau, c'est de l'eau qui sort très fort.
*Du tuyau d'arrosage sort un **jet** d'eau. Michel l'utilise pour arroser les fleurs.*

jeter

1. Jeter, c'est lancer.
*Julien s'amuse à **jeter** des pierres dans l'étang.*
2. C'est aussi se débarrasser de ce qui ne sert plus.
*Gaston **jette** les journaux qu'il a déjà lus.*

jeton

Les jetons sont ronds ou rectangulaires ; ils servent dans certains jeux.
*Pour jouer au loto, il faut des **jetons**.*

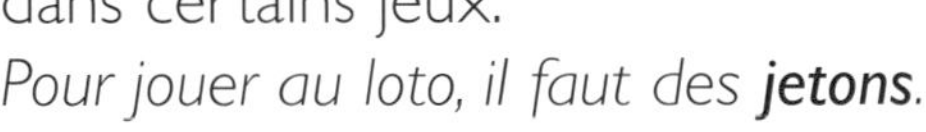

joie

La joie, c'est ce qu'on sent dans son cœur quand on est très heureux et très gai.
*Quand les enfants ont su que leurs amis venaient, ils ont poussé des cris de **joie**.*

jongler

Jongler, c'est savoir lancer plusieurs balles ou plusieurs objets et les rattraper sans les faire tomber.
*Philippe essaye de **jongler** avec trois balles.*

jouet

Un jouet est un objet fait pour jouer, pour faire des jeux.
*Les trains électriques, les poupées, les Lego sont des **jouets**.*

jour

1. Le jour vient après la nuit.
*La journée, c'est quand il fait **jour**, du lever au coucher du soleil.*
2. Lundi, mardi, mercredi, jeudi, vendredi, samedi, dimanche sont les jours de la semaine.
*Le 1er janvier est le premier **jour** de l'année.*

joyeux, joyeuse

Être joyeux, c'est être content, rire et être gai.
*Les enfants poussent des cris **joyeux** dans la cour de récréation.*

jumeau, jumelle

Les jumeaux sont des enfants nés de la même mère, le même jour.
*Certains **jumeaux** se ressemblent beaucoup, d'autres ne se ressemblent pas du tout.*

jumelles

Les jumelles sont des instruments qui servent à voir au loin.
*Fausto observe une marmotte avec ses **jumelles**.*

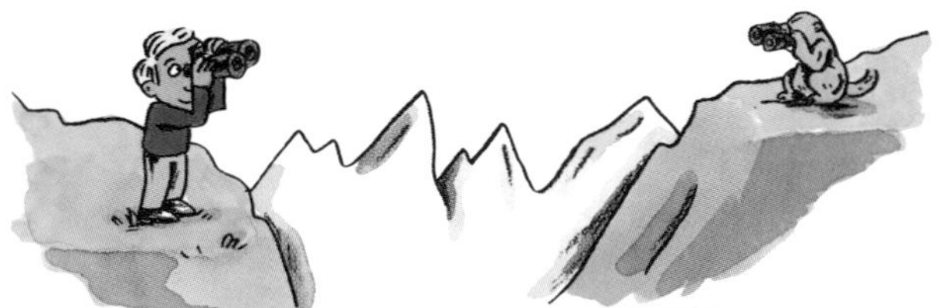

jument

La jument est la femelle du cheval et la mère du poulain.
*Dans le pré, le poulain qui vient de naître tète la **jument**.*

jus

Le jus est un liquide qui vient d'un fruit, d'un légume ou d'une viande.
*Pour faire du **jus** d'orange, il faut presser une ou deux oranges.*

juste

1. Ce qui est juste est vrai et sans erreur.
*2 + 2 = 4 est un calcul **juste**.*
2. Être juste, c'est ne pas donner plus à l'un qu'à l'autre, ne pas gronder celui qui n'a rien fait.
*La maîtresse est **juste**. Elle a donné trois bonbons à chaque enfant.*
3. C'est aussi être un peu court ou un peu petit.
*Marion a un pantalon trop **juste** ; il la serre.*

juste

1. Juste veut dire exactement.
*Sur la pendule, il est midi **juste**.*
2. Juste veut dire aussi à peine.
*Il est midi, Luc vient **juste** d'arriver.*

kangourou

Le kangourou est un animal qui vit en Australie ; il se déplace en faisant des bonds sur ses pattes arrière.

La femelle ***kangourou*** *porte son petit pendant six mois, dans une poche sur son ventre.*

kilomètre

Le kilomètre mesure la distance. Dans un kilomètre, il y a 1 000 mètres.

Tous les matins, Pierre fait 1 ***kilomètre*** *à pied pour aller à l'école.*

kilogramme ou kilo

Le kilo mesure le poids.

Madame Dubois achète 1 ***kilo*** *d'oranges et 1* ***kilo*** *de pommes.*

koala

Le koala est un petit animal d'Australie qui vit la nuit, dans les arbres.

Le ***koala*** *a des oreilles rondes et pas de queue ; la maman* ***koala*** *élève son petit dans la poche de son ventre, comme la maman kangourou.*

A B C D E F G H I J K L M N O P Q R S T U V W X Y Z

légume

Un légume est une plante qu'on fait pousser pour la manger.
*Les pommes de terre, les poireaux, les radis, les carottes, les choux sont des **légumes**.*

lendemain

Le lendemain est le jour qui suit le jour dont on parle.
*Le Petit Poucet s'endormit. Le **lendemain**, il partit dans la forêt, avec ses parents et ses frères.*

lent, lente

Être lent, c'est prendre du temps et ne pas aller vite.
*Les tortues sont **lentes** ; elles avancent lentement.*

léopard

Un léopard est un gros animal dont le pelage a des taches jaunes et noires.
*Le **léopard** est une panthère qui vit en Afrique.*

lettre

1. Les lettres sont les dessins qui servent à écrire les mots.
*En français, l'alphabet a 26 **lettres**.*
2. C'est aussi un papier écrit et mis dans une enveloppe que l'on envoie à quelqu'un.
*Le facteur apporte une **lettre**.*

lever

1. Lever, c'est mettre en l'air.
*Antoine **lève** le doigt pour répondre.*
2. Se lever, c'est se mettre debout.
*Pierre se **lève** tous les matins à 7 heures.*
3. C'est aussi se montrer, en parlant du soleil.
*En hiver, le soleil se **lève** tard et se couche tôt.*

lézard

Un lézard est un petit animal qui a le corps couvert d'écailles et une longue queue. C'est un reptile, comme le crocodile.
*Le **lézard** aime se chauffer au soleil.*

librairie

Une librairie est un magasin
où l'on vend des livres.
*Pierre a acheté une bande dessinée à la **librairie**.*

libre

Être libre, c'est pouvoir faire ce que l'on veut, sans gêner les autres.
*La porte de la cage est ouverte, l'oiseau s'envole : il est **libre**.*

lièvre

Le lièvre est un animal sauvage qui ressemble à un lapin.
*Le **lièvre** a de longues pattes arrière : il court très vite en faisant des bonds.*

ligne

1. Une ligne est un long trait.
*Sur la route, les voitures ne doivent pas passer sur la **ligne** blanche.*
2. C'est aussi une suite de personnes ou de choses, les unes à côté des autres.
*Les enfants se mettent en **ligne** dans la cour.*
3. C'est aussi une suite de mots, les uns à côté des autres, sur la page d'un livre ou d'un cahier.
*Ludovic a lu les trois premières **lignes** de son livre.*
4. C'est aussi le fil avec lequel on pêche.
*Henri aime beaucoup la pêche à la **ligne**.*
5. C'est aussi un trajet de bus, de métro, de train ou d'avion.
*À Paris, il y a beaucoup de **lignes** de métro.*

lilas

Le lilas est un arbuste dont les fleurs sont blanches ou violettes.
*Les fleurs du **lilas** sentent très bon.*

---

lion

Le lion est un gros animal sauvage qui vit en Afrique et en Asie.
*Le **lion** mâle porte une crinière.*
*La femelle du **lion** est la lionne ; elle chasse et elle élève les lionceaux.*

---

liquide

Un liquide coule.
*L'eau, le lait, l'huile sont des **liquides**.*

lire

Lire, c'est regarder un livre, une affiche, un journal…, et comprendre ce qui est écrit.
Thomas apprend à ***lire*** *à l'école.*

lisse

Ce qui est lisse est doux au toucher et n'accroche pas.
Les bords de la baignoire sont très ***lisses****.*

litre

Le litre sert à mesurer les liquides.
Le lait, l'eau, le jus d'orange… sont souvent vendus par ***litres****.*

livre

Un livre, c'est des feuilles imprimées et attachées ensemble, avec une couverture.
Les ***livres*** *racontent des histoires, montrent des images, font apprendre des choses.*

loi

La loi, c'est ce qu'on a le droit de faire et aussi ce qui est interdit.
On ne doit pas faire de mal aux animaux ; c'est une ***loi****.*

loin

Ce qui est loin est à une grande distance.
La maison de Léa est ***loin*** *de l'école, mais elle est près du parc.*

long, longue

1. Être long, c'est avoir une grande longueur.
Élise a les cheveux très ***longs****.*
2. C'est aussi durer longtemps.
Au pôle Nord, les nuits sont très ***longues*** *en hiver et très courtes en été.*

le long de

Le long de quelque chose, c'est en suivant le bord.
Le ***long*** *de la route, il y a des maisons.*

longtemps

Longtemps, c'est pendant un temps long.
La fête a duré ***longtemps*** *; elle s'est terminée très tard.*

longueur

1. La longueur, c'est le grand côté d'un objet ou d'un rectangle.
*La voiture d'Amélie a une grande **longueur** et une petite largeur.*
2. C'est aussi le temps que dure quelque chose.
*Au printemps, la **longueur** des jours augmente ; à l'automne, la **longueur** des jours diminue.*

loup

Le loup est un animal sauvage des pays froids qui ressemble au chien.
*Les **loups** vivent en bande dans les forêts.*
*La femelle du **loup** est la louve, leurs petits sont les louveteaux.*

lourd, lourde

Être lourd, c'est avoir du poids.
*La pierre est **lourde**, la plume est légère.*

lumière

1. La lumière vient du Soleil.
*La **lumière** permet de voir les formes et les couleurs.*
2. C'est aussi ce qui sert à éclairer.
*Le soir, on allume la **lumière**.*

lune

La lune apparaît dans le ciel, la nuit. La Lune tourne autour de la Terre.
*En 1969, un homme a marché pour la première fois sur la **Lune**.*

lutin

Un lutin est un petit personnage des contes de fées.
*Les **lutins** ont des pouvoirs magiques.*

lutter

Lutter, c'est se battre contre quelqu'un ou quelque chose.
*La petite chèvre de Monsieur Seguin a **lutté** jusqu'au matin contre le loup qui voulait la manger.*

mâcher

Mâcher, c'est écraser
ce qu'on mange avec les dents.
*Il faut toujours bien **mâcher** avant d'avaler.*

machine

Une machine rend le travail moins fatigant, plus facile ;
elle permet de travailler plus vite.
*Le lave-linge, le lave-vaisselle, le marteau piqueur, le tracteur, la grue, l'ordinateur sont des **machines**.*

maçon

Un maçon est une personne qui construit des maisons.
*Le **maçon** fait un mur en pierre.*

magasin

Un magasin est un endroit où l'on vend et où l'on achète toute sorte de choses.
*Il y des **magasins** de chaussures, des **magasins** de jouets…*

magicien, magicienne

Un magicien est une personne qui fait des tours de magie.
*Au cirque, un **magicien** a dit : « Abracadabra… ! », et il a sorti un lapin de son chapeau ; c'était magique !*

magie

Faire de la magie, c'est faire des choses extraordinaires avec des mots mystérieux.
*Les sorcières lisent souvent des livres de **magie**.*

magnétoscope

Un magnétoscope sert à enregistrer et à regarder des cassettes vidéo.
Les enfants ont mis une cassette de dessins animés dans le ***magnétoscope****.*

magnifique

Ce qui est magnifique est très, très beau.
En été, le coucher de soleil est souvent ***magnifique****.*

maigre

Être maigre, c'est ne pas être assez gros.
Agathe est très ***maigre*** *; elle ne mange peut-être pas assez.*

maire

Un maire est un homme ou une femme qui a été choisi pour diriger une ville ou un village.
Le ***maire*** *travaille dans une mairie.*

maïs

Le maïs est une céréale à gros grains jaunes. il pousse en épis.
On mange les grains de ***maïs*** *en salade ; on en fait aussi du pop-corn.*

maison

1. La maison est le bâtiment où l'on habite. Une maison a des murs, des fenêtres et un toit.
Un pavillon, un chalet, un immeuble, une ferme sont des ***maisons****.*

2. C'est aussi chez soi.
Après l'école, les enfants rentrent à la ***maison****.*

maître, maîtresse

1. Le maître est la personne qui apprend beaucoup de choses aux élèves de sa classe.
Quand la récréation est finie, la ***maîtresse*** *fait rentrer les enfants dans la classe.*

2. C'est aussi une personne qui possède quelque chose, une maison ou un chien.
Il y a des ***maîtres*** *de maison, des* ***maîtres*** *de chien.*

majuscule

La majuscule est la grande lettre qui commence une phrase, le nom d'une personne, le nom d'une ville ou le nom d'un pays.
*Marie Duval, Paris, la France sont des noms qui commencent par une **majuscule**.*

mal

Mal est le contraire de bien.
*Clémence a **mal** écrit son nom ; Clara l'a bien écrit.*

mal, maux

1. Avoir mal ou faire mal, c'est souffrir ou faire souffrir.
*Aline a **mal** aux dents.*

2. Avoir du mal à faire quelque chose, c'est y arriver difficilement.
*Marina a du **mal** à fermer la porte.*

malade

Être malade, c'est ne pas être en bonne santé.
*Adrien a de la fièvre, il tousse, il est **malade**.*
Quand on a une maladie, on se soigne, on voit le médecin.

maladroit, maladroite

Une personne maladroite fait tout tomber ; elle ne fait pas assez attention.
*Clément a fait tomber le gâteau par terre ; il est **maladroit**.*

mâle

Un mâle est un animal du sexe masculin ; il peut faire des petits à la femelle.
*Le cheval est le **mâle** de la jument ; le taureau est le **mâle** de la vache.*

malheureux, malheureuse

Une personne malheureuse vit tristement ; elle ne rit pas beaucoup et elle a souvent envie de pleurer.
*Avant d'aller au bal, Cendrillon était **malheureuse**.*

malin, maligne

Une personne maligne est intelligente et un peu coquine.
*Alex est **malin**, mais il fait parfois des grosses bêtises !*

manche

Un manche est ce qui sert à tenir un outil ou un instrument.
*Une casserole, une pelle, un couteau, une guitare ont un **manche**.*

manche

Une manche, c'est la partie d'un vêtement qui couvre le bras.
*Chloé a trop chaud ; elle remonte ses **manches**.*

manège

Un manège est une machine qui tourne, avec des chevaux de bois et des petites voitures sur lesquels on monte.
*Aaron fait un tour de **manège**.*

manger

Manger, c'est mâcher et avaler la nourriture.
*Julien **mange** des frites.*

manquer

1. Manquer, c'est ne pas réussir à faire quelque chose.
*Marie a **manqué** son train.*
2. C'est aussi être absent.
*Dans la classe d'Arthur, il y a un élève qui **manque** très souvent.*
3. C'est aussi ne pas avoir assez de quelque chose.
*Élise ne peut pas terminer son dessin ; il lui **manque** un feutre rouge.*

marche

1. Une marche, c'est une promenade à pied.
*Les enfants ont fait une longue **marche** en forêt.*
2. C'est aussi l'endroit plat où l'on met les pieds sur un escalier.
*Les **marches** de l'escalier sont en pierre.*

marché

Le marché est un endroit où l'on vend toute sorte de marchandises.
*Au **marché**, Léon achète des fruits, des légumes, du poisson, des œufs, du beurre et du fromage.*

---

marcher

1. Marcher, c'est avancer en mettant un pied devant l'autre.
*Noémie **marche** vite pour rattraper Julien.*
2. C'est aussi aller normalement, fonctionner.
*La montre ne **marche** plus, elle s'est arrêtée.*

---

mare

Une mare, c'est de l'eau qui ne coule pas ; elle est plus petite qu'un étang.
*Dans le parc, il y a une **mare** avec un canard.*

---

marée

La marée, c'est le mouvement de la mer qui monte et de la mer qui descend.
*À **marée** haute, la mer a fini de monter ; à **marée** basse, la mer a fini de descendre : Nicolas peut aller à la pêche aux crabes.*

mari

Le mari est l'homme avec lequel une femme est mariée.
*Le papa de Théo est le **mari** de sa maman.*

---

mariage

Le mariage est la fête pendant laquelle un homme et une femme décident de vivre ensemble.
*Le jour de son **mariage**, la mariée porte souvent une belle robe blanche.*

---

marin

Un marin est un homme qui travaille sur un bateau.
*Certains **marins** portent un costume bleu avec un grand col.*

---

marionnette

Une marionnette est une poupée en tissu, en carton ou en bois ; on la fait marcher avec des fils ou avec les mains.
*Guignol est une **marionnette**.*

marquer

1. Marquer, c'est écrire quelque chose.
*Thomas a **marqué** son nom sur son livre.*
2. Marquer un point ou un but, c'est les réussir.
*L'équipe des grands a **marqué** trois buts : elle a gagné la partie !*

marron

1. Le marron est le fruit du marronnier. Le marronnier est un grand arbre aux fleurs roses ou blanches. Le marron n'est pas bon à manger.
*Julien et Alex font une bataille de **marrons** dans la cour de l'école.*
2. C'est aussi le nom qu'on donne souvent aux châtaignes, les fruits du châtaignier. Les châtaignes sont bonnes à manger.
*En hiver, en ville, on vend souvent des **marrons** chauds.*

marron

Ce qui est marron est de la couleur des marrons.
*Éric a les yeux **marron**.*

masculin, masculine

Ce qui est masculin appartient aux garçons et aux hommes.
*Arthur et Paul sont des prénoms **masculins**.*

masque

Un masque est un objet derrière lequel on cache sa figure.
*Pour Mardi gras, François a mis un **masque** de Zorro.*

maternelle

La maternelle est l'école pour les enfants de 2 ans à 6 ans.
*À la **maternelle**, on écoute des histoires, on dessine, on chante, on commence à apprendre à écrire.*

matin

Le matin est le début du jour, du lever du soleil jusqu'à midi.
*Le **matin**, en été, il fait jour très tôt.*

matinée

La matinée, c'est tout au long du matin.
*Awa est restée au square pendant toute la **matinée**.*

méchant, méchante

Être méchant,
c'est faire du mal exprès
et ne pas être gentil.
*Francis est **méchant** quand il tape son frère.*

médecin

Un médecin est
une personne
qui soigne les malades.
*Sophie dit qu'elle sera **médecin** quand elle sera grande.*

médicament

Un médicament sert
à soigner les maladies.
*Le sirop, les pilules, les cachets, les comprimés, les ampoules sont des **médicaments**.*

meilleur, meilleure

Ce qui est meilleur est plus que bon ; c'est ce qui est mieux ou que l'on trouve mieux.
*Lise trouve que les bonbons sont **meilleurs** que le chocolat.*

mélanger

1. Mélanger, c'est mettre ensemble des choses différentes.
*Pour faire des crêpes, on **mélange** de la farine, des œufs et du lait.*
2. C'est aussi mettre en désordre.
*Il faut bien **mélanger** les cartes avant de jouer.*

mémoire

La mémoire, c'est ce qui nous permet de nous rappeler les choses.
*Anita se souvient de toute la chanson qu'elle a apprise à l'école ; elle a beaucoup de **mémoire**.*

ménagerie

La ménagerie, c'est l'endroit du cirque où sont tous les animaux sauvages.
*Dans une **ménagerie**, il y a des lions, des tigres et des singes.*

mensonge

Dire un mensonge, c'est dire une chose que l'on sait fausse, c'est mentir.
*Le nez de Pinocchio grandit à chaque **mensonge**.*

menu

Le menu est la liste des plats proposés pour un repas.
*Le **menu** est affiché à la porte de la cantine.*

menuisier

Le menuisier est une personne qui travaille le bois.
*Le **menuisier** fabrique et répare les meubles.*

mer

La mer est l'eau salée qui recouvre la plus grande partie de la Terre.
*Les poissons, les baleines, les coquillages, les méduses, les algues vivent dans la **mer**.*

mériter

Mériter, c'est avoir droit à quelque chose.
*Marius n'a pas pleuré chez le docteur ; il a **mérité** une glace.*

merveilleux, merveilleuse

Ce qui est merveilleux est tellement beau qu'on a de la peine à le croire.
*« La Belle au bois dormant » est une histoire **merveilleuse**.*

mesurer

1. Mesurer, c'est chercher à savoir quelle est la hauteur, la longueur, la largeur ou la taille de quelque chose.
*Les peintres ont **mesuré** la hauteur des murs de la pièce.*
2. C'est aussi avoir telle ou telle taille.
*Quentin **mesure** juste 1 mètre.*

métal, métaux

Le métal est une matière que l'on trouve dans le sol.
*Le fer est un **métal** dur, le plomb est un **métal** mou et lourd ; l'or et l'argent sont des **métaux** précieux.*

métier

Le métier est le travail que l'on fait pour gagner de l'argent.
*Boulanger, dentiste, médecin, facteur, cuisinier, plombier, policier, vendeur, cordonnier sont des **métiers**.*

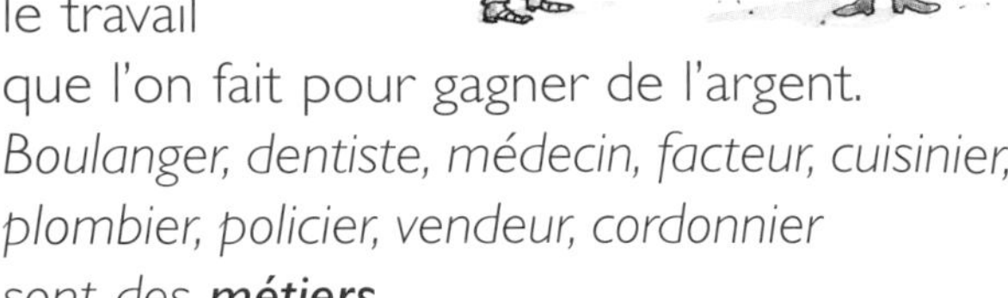

mètre

Le mètre mesure la longueur, la largeur, la hauteur, les distances.
*Certains joueurs de basket mesurent 2 **mètres**. Ce sont des géants !*

mettre

1. Mettre, c'est poser un objet sur quelque chose.
*Thomas **met** les assiettes sur la table.*

2. C'est aussi placer un habit sur soi.
*Jennifer **met** son manteau pour sortir.*
3. C'est aussi passer du temps à quelque chose.
*Marcel a **mis** une heure pour venir, à cause des embouteillages.*
4. C'est aussi faire marcher.
*Elsa a **mis** la télévision.*
5. Se mettre à faire quelque chose, c'est commencer à le faire.
*Quand Nadia a vu partir son papa, elle s'est **mise** à pleurer.*

meuble

Les meubles sont les objets d'une maison.
*Une table, un lit, une armoire, une chaise, un fauteuil sont des **meubles**.*

les **métiers**

agriculteur

architecte

maçon

plombier

boulanger

journaliste

ingénieur

réalisateur

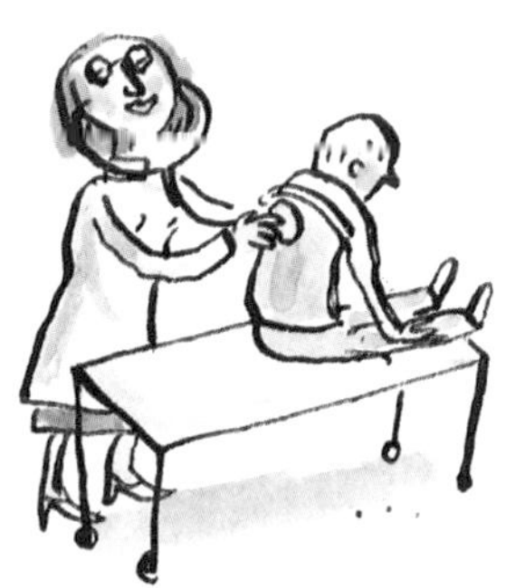
médecin

hôtelier

professeur

musicien

policier

informaticien

banquier

secrétaire

meunier

Un meunier est une personne qui fait de la farine avec du blé, dans un moulin.
*La chanson dit : « **Meunier**, tu dors, ton moulin, ton moulin va trop vite… »*

micro

Un micro est un instrument qui sert à rendre le son plus fort ou à enregistrer.
*L'animatrice parle dans un **micro** pour que tout le monde l'entende.*

microbe

Un microbe est un minuscule être vivant qui peut donner des maladies.
*La grippe est donnée par une sorte de **microbe** qu'on appelle un virus.*

midi

Midi est le milieu de la journée.
*À **midi**, la pendule sonne douze coups.*

miel

Le miel est jaune et sucré ; il est fabriqué par les abeilles avec la partie sucrée des fleurs.
*Les abeilles font le **miel** dans leurs ruches.*

mieux

Mieux, c'est plus que bien.
*Le dessin d'Angèle est bien ; mais celui de Chloé est encore **mieux**.*

mignon, mignonne

Être mignon, c'est être joli et agréable.
*Julia est très **mignonne**, c'est une charmante petite fille !*

milieu

Le milieu, c'est le centre.
*Au **milieu** de la cour, il y a un arbre.*

mimer

Mimer, c'est raconter une histoire par gestes, sans parler.
*Lise **mime** une personne en train de jouer du piano.*

mine

1. La mine est la partie du crayon qui écrit.
*Judith a cassé la **mine** de son crayon.*
2. C'est aussi comment est le visage.
*Si on a bonne **mine**, on a de bonnes couleurs et on a l'air reposé ; si on a mauvaise **mine**, on a l'air fatigué.*

3. C'est aussi un trou profond creusé dans la terre pour trouver du charbon, des métaux ou des pierres précieuses.
*En France, il y a encore quelques **mines** de charbon.*

minuit

Minuit est le milieu de la nuit.
C'est le moment où l'on change de jour.
*À **minuit**, la pendule sonne douze coups.*
*Cendrillon est partie au troisième coup de **minuit**.*

minuscule

1. Ce qui est minuscule est plus petit que petit.
*Une puce est un insecte **minuscule**.*
2. Une lettre minuscule est une lettre plus petite que la majuscule.
*Quand on écrit, on écrit en **minuscules** ; seules quelques lettres sont en majuscules.*

minute

Une minute est une mesure du temps. C'est un moment très court.
*À l'école maternelle, la récréation du matin dure vingt **minutes**.*

miroir

Un miroir est un objet dans lequel on peut se voir.
*La belle-mère de Blanche-Neige demande tous les jours à son **miroir** si elle est toujours la plus belle.*

mode

La mode, c'est ce qui plaît à beaucoup de personnes, au même moment.
*Quand le Yo-Yo est à la **mode**, tous les enfants veulent y jouer.*

modèle

Un modèle, c'est ce qu'on cherche à copier.
*Les enfants doivent dessiner un rond ; la maîtresse a dessiné le **modèle** au tableau.*

---

moineau

Un moineau est un petit oiseau marron et noir qui vit dans les villes ou dans les champs.
*Les **moineaux** chantent : ils pépient.*

---

moins

1. Moins veut dire « pas aussi » ou « pas autant ».
*La tortue court **moins** vite que le lièvre.*
2. Moins veut aussi dire qu'on enlève quelque chose.
*Léo a quatre bonbons, il en donne deux à son copain ; il en a deux en **moins**.*

---

moitié

Les deux moitiés sont les deux parts égales d'une chose.
*Alex a donné la **moitié** de sa pomme à sa sœur.*

moment

Un moment est un temps assez court.
*Kévin a attendu un **moment** que sa maman vienne le chercher.*

---

monde

1. Le monde, c'est les gens.
*Le soir où la France a gagné la Coupe du monde de football, il y avait beaucoup de **monde** dans les rues.*
2. C'est aussi la Terre.
*Les marins font parfois le tour du **monde** en bateau.*
3. C'est aussi tout ce qui existe.
*La Bible et le Coran disent que Dieu a créé le **monde**.*

---

monnaie

La monnaie, c'est les pièces et les billets.
*Chaque pays a sa monnaie ; l'euro est la **monnaie** européenne.*

monstre

Un monstre fait peur ; c'est un personnage inventé.
*Un ogre, un vampire sont des **monstres**.*

montagne

Une montagne est une partie de la terre qui monte haut vers le ciel.
*En hiver, il neige sur les **montagnes**.*

monter

1. Monter, c'est aller du bas vers le haut.
*Le ballon **monte** dans le ciel.*
2. C'est aussi aller dans un véhicule.
*Saïd **monte** en avion pour la première fois.*
3. C'est aussi mettre ensemble les morceaux d'un objet.
*Julie a **monté** une tente avec sa maman.*

montre

La montre donne l'heure ; on la porte souvent au poignet.
*Une **montre** a une petite aiguille pour les heures, une grande aiguille pour les minutes, et souvent une aiguille qui tourne très vite pour les secondes.*

montrer

Montrer, c'est faire voir.
*Les enfants **montrent** leur dessin à la maîtresse.*

monument

Un monument est une belle construction, souvent ancienne.
*Notre-Dame de Paris, la tour Eiffel, les châteaux de la Loire sont des **monuments**.*

se moquer

Se moquer de quelqu'un, c'est rire de lui.
*Julien n'aime pas qu'on se **moque** de lui.*

morceau

Un morceau est une partie de quelque chose, un petit bout.
*Le verre s'est cassé en mille **morceaux**.*

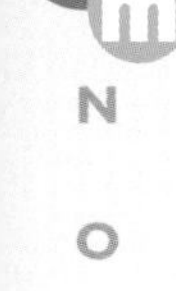

mordre

Mordre, c'est enfoncer ses dents dans quelque chose.

*Un chien en colère **mord** Antoine.*

mort

La mort est la fin de la vie.

*Quand le chat est **mort**, les enfants l'ont enterré dans le jardin.*

mot

Les mots servent à donner un nom aux choses et à tout ce qu'on fait. Ils servent à parler, à comprendre et à se faire comprendre.

*Les **mots** s'écrivent avec les lettres de l'alphabet.*

moteur

Le moteur est la partie d'une machine qui la fait marcher.

*Le **moteur** de la voiture est sous le capot.*

mou, molle

Ce qui est mou s'enfonce quand on appuie dessus.

*Le beurre est **mou** quand il fait chaud, dur quand il fait froid.*

moudre

Moudre, c'est écraser quelque chose pour le transformer en poudre.

*On **moud** les grains de blé pour faire de la farine, on **moud** les grains de café pour faire du café moulu, on **moud** les grains de poivre pour faire du poivre fin.*

mouette

Une mouette est un oiseau blanc et gris clair qui a de longues ailes pointues.

*Une **mouette** peut voler très longtemps au-dessus de la mer.*

moule

La moule vit dans la mer sur les rochers ; elle a une coquille allongée bleu foncé.

*On mange l'intérieur de la **moule** ; il est jaune.*

moule

Un moule est un objet qui donne sa forme à ce que l'on met à l'intérieur.
*Il y a des **moules** à tarte, des **moules** à gaufre, des **moules** à gâteaux.*

moulin

Un moulin est un bâtiment où sont installées des machines à moudre le grain.
*À notre époque, on ne moud plus le grain dans des **moulins**, mais dans des usines.*

mourir

1. Mourir, c'est arrêter de vivre.
*Les plantes, les animaux, les hommes **meurent**.*
2. Mourir de rire, c'est rire beaucoup.
Manuel raconte une blague à Théo.
*Il le fait **mourir** de rire !*

mousse

1. La mousse, c'est des petites bulles très légères.
*L'eau savonneuse, le champagne, le cidre font de la **mousse**.*
2. C'est aussi une petite plante verte, toute douce, qui pousse dans les bois, sur les troncs d'arbre et sur les pierres.
*Les tuiles sont parfois couvertes de **mousse**.*
3. C'est aussi une matière plastique très légère.
*On fait des matelas et des coussins en **mousse**.*

moustique

Un moustique est un insecte qui vole. Il a de longues pattes fines.
*Le **moustique** femelle pique les animaux et les hommes pour se nourrir de leur sang.*

mouton

Un mouton est un animal élevé pour sa viande et pour sa laine. Il bêle.
*Le bélier est un **mouton** qui a des cornes et qui peut faire des petits à la brebis.*
L'agneau est le petit de la brebis et du bélier.

mouvement

1. Un mouvement est un geste qu'on fait quand on bouge.
Les enfants font des ***mouvements*** *de gymnastique dans la cour de l'école.*
2. C'est aussi ce que fait tout ce qui se déplace.
Le ***mouvement*** *des vagues fait bouger le bateau d'avant en arrière.*

---

moyen, moyenne

Être moyen, c'est n'être ni grand ni petit, mais entre les deux.
Lise a cinq ans ; elle est de taille ***moyenne****.*

---

muguet

Le muguet est une fleur des bois, aux petites clochettes blanches qui sentent très bon.
On offre du ***muguet*** *chaque année au 1er Mai.*

---

mûr, mûre

Ce qui est mûr a fini de grossir, est bon à manger.
Ces tomates ne sont pas encore ***mûres*** *: Jean ne pourra pas les manger.*

muscle

Les muscles font partie du corps ; ils servent à faire des mouvements.
Une personne musclée a de bons ***muscles****, elle est forte.*

---

museau

Le museau est la partie de la tête d'un animal qui pointe en avant.
Une souris a un petit ***museau*** *pointu.*

---

musique

La musique est l'art de jouer avec les sons.
Un musicien est un artiste qui fait de la ***musique****.*

---

mystère

Un mystère est une chose qu'on ne comprend pas et qu'on ne peut pas expliquer.
Comment la vie est-elle apparue sur la Terre ? **Mystère**…

N n

nageoire

Les nageoires permettent de nager à de nombreux animaux qui vivent dans l'eau.
Les poissons, les baleines, les dauphins, les phoques ont des ***nageoires****.*

nager

Nager, c'est avancer dans l'eau en faisant des mouvements avec les bras et les pieds.
Joseph apprend à ***nager*** *la brasse.*

naissance

La naissance, c'est le moment où le bébé sort du ventre de sa maman, le moment où il naît.
Clara et Théo ont la même date de ***naissance*** *; ils sont nés le même jour.*

nature

1. La nature, c'est la campagne.
François campe avec sa famille, en pleine ***nature****.*
2. C'est aussi tout ce qui existe qui n'a pas été fait par l'homme.
Les montagnes sont une des merveilles de la ***nature****.*
3. C'est aussi le caractère d'une personne.
Lucie est toujours gaie ; elle a une bonne ***nature****.*

naviguer

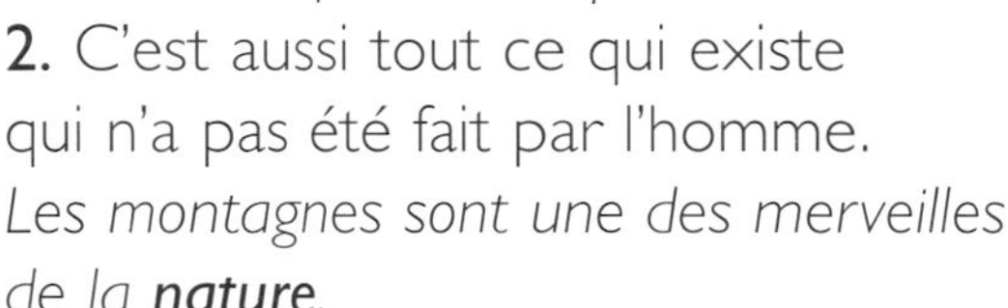

Naviguer, c'est voyager sur l'eau.
La chanson dit : « Il était un petit navire… Qui n'avait ja, ja, jamais ***navigué****… »*

navire

Un navire est un grand bateau.
Un paquebot est un ***navire*** *qui transporte des voyageurs. Un cargo est un* ***navire*** *qui transporte des marchandises.*

neige

La neige, c'est de l'eau gelée qui tombe du ciel en flocons blancs.
Les enfants font une bataille de boules de ***neige****, ils s'amusent comme des fous !*

neuf, neuve

Ce qui est neuf n'a pas encore servi.
*Géraldine a des baskets toutes **neuves**.*

neveu, nièce

Le neveu est le fils de la sœur ou du frère d'une personne.
La nièce est la fille de la sœur ou du frère d'une personne.
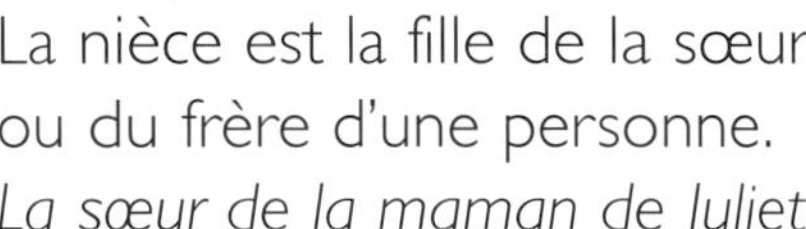
*La sœur de la maman de Juliette s'appelle Nathalie. Juliette est la **nièce** de Nathalie.*

nid

1. Un nid est un abri fabriqué par les oiseaux pour mettre leurs œufs et élever leurs petits.
*Les oiseaux font leurs **nids** avec des petites branches, de la paille et de la mousse.*
2. C'est aussi l'abri d'autres animaux.
*Les serpents, les guêpes, les souris font aussi des **nids**.*

nœud

Un nœud est une boucle faite avec des fils, des cordes, des ficelles ou des rubans ; il sert à attacher.
*Souvent, le **nœud** des lacets se défait.*

noisette

La noisette est le fruit du noisetier.
*Les écureuils cassent les coquilles des **noisettes** avec leurs dents.*

noix

La noix est le fruit du noyer.
La coque des noix est entourée d'une écorce verte.
*On ramasse les **noix** et les noisettes à l'automne.*

nom

Le nom est un mot qui sert à appeler les personnes, les animaux et les choses.
*Sapin, pommier, cerisier sont des **noms** d'arbres. Une personne a un prénom et un **nom** de famille.*

nombre

1. Les nombres servent à compter.
*16 est un **nombre**, il s'écrit avec deux chiffres.*
2. C'est aussi une quantité, c'est-à-dire combien il y a de choses ou de personnes.
*30 est le **nombre** d'enfants qu'il y a dans la classe d'Élise.*

nombreux, nombreuse

Être nombreux, c'est être beaucoup.
*Il y a de **nombreux** animaux sur la Terre.*

nombril

Le nombril est la petite cicatrice ronde que tout le monde a sur le ventre.
*À la naissance, on coupe le cordon qui attache le bébé dans le ventre de sa maman ; la trace qui reste, c'est le **nombril**.*

note

1. Une note, c'est le dessin qui représente un son.
*Do, ré, mi, fa, sol, la, si sont les noms des sept **notes** de musique.*
2. À la grande école, c'est un chiffre ou une lettre qui dit si on a bien ou mal travaillé.
*10 est une très bonne **note**.*

nourrir

Nourrir, c'est donner à manger.
*Joseph aime bien **nourrir** son chat.*

noyau

Un noyau, c'est ce qui est dur au milieu de certains fruits. Dans le noyau, il y a la graine.
*Les cerises, les pêches, les olives, les prunes ont des **noyaux**.*

se noyer

Se noyer, c'est s'étouffer et mourir en respirant de l'eau.
*Une personne qui ne sait pas nager peut se **noyer**.*

nuage

Un nuage, c'est un ensemble de minuscules gouttes d'eau qui flottent dans le ciel.
*La pluie tombe des **nuages**.*

nuit

La nuit vient après le jour ; il fait nuit du soir au matin, quand le soleil est couché.
*La **nuit**, on voit souvent la lune et les étoiles dans le ciel.*

obéir

Obéir, c'est faire ce qui a été demandé.
*Le chien de Thomas ne lui **obéit** pas toujours.*

objet

Un objet, c'est quelque chose qu'on peut voir, toucher et dont on peut se servir.
*Un crayon, un blouson, un jouet sont des **objets**.*

obliger

Obliger, c'est faire faire à quelqu'un ce qu'il n'a pas envie de faire, c'est le forcer.
*Emma est malade ; sa maman l'**oblige** à rester au lit.*

observer

Observer, c'est regarder avec beaucoup d'attention.
*Adrien **observe** un oiseau qui est en train de faire son nid.*

occupé, occupée

1. Être occupé, c'est avoir beaucoup à faire.
*Olivier et Virginie préparent à manger pour tous leurs amis ; ils sont très **occupés**.*
2. C'est aussi ne pas être libre.
*Les toilettes sont **occupées** : il faut attendre.*

océan

Un océan est une très grande mer.
*L'**océan** Atlantique est entre la France et l'Amérique.*

odeur

Une odeur, c'est ce qu'on sent avec son nez.
*Il y a des bonnes **odeurs**, comme celle de la rose, et des mauvaises **odeurs**, comme celle des égouts.*

œuf, œufs

Les œufs sont pondus par certains animaux. Leur petit grandit dans l'œuf puis casse sa coquille quand il est prêt à sortir.
*Les oiseaux, les serpents, les crocodiles pondent des **œufs**.*

---

offrir

Offrir, c'est faire un cadeau.
*Julien **offre** un bouquet de fleurs à sa maîtresse.*

ogre

Un ogre est un personnage des contes. Un ogre est très gros, très grand et il mange les petits enfants.
*L'**ogre** voulait manger le Petit Poucet.*

---

oiseau

Un oiseau est un animal qui a des plumes, deux pattes, deux ailes, un bec et qui pond des œufs ; presque tous les oiseaux volent ; certains oiseaux nagent.
*Le moineau, la poule, la mouette sont des **oiseaux**.*

---

ombre

Une ombre, c'est la forme sombre d'un objet ou d'une personne, par terre ou sur un mur, quand une lumière l'éclaire par-derrière.
*Les parasols protègent du soleil en faisant de l'**ombre**.*

oncle

L'oncle est le frère du père ou de la mère.
*Le frère de la maman de Léa est l'**oncle** de Léa.*

opération

1. Faire une opération, c'est ouvrir le corps de quelqu'un pour le soigner et ensuite recoudre la peau.
*Le chirurgien est le médecin qui fait les **opérations**.*
2. C'est aussi un calcul fait avec des nombres.
*1 + 1 = 2 est une **opération**.*

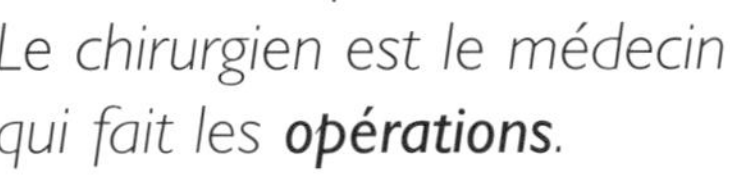

or

L'or est un métal jaune, brillant et précieux.
*L'**or** se trouve dans la terre ou dans le sable des rivières. Il sert à faire des bijoux.*

orage

Pendant un orage, il y a des éclairs puis des coups de tonnerre, et souvent de la pluie.
*Quand l'**orage** gronde, il ne faut pas rester sous un arbre.*

orange

L'orange est un fruit rond, de couleur orange, qui pousse sur les orangers, dans les pays chauds.
*Le jus d'**orange** a un goût un peu acide.*

orchestre

Un orchestre, c'est plusieurs musiciens qui jouent ensemble.
*Le chef d'**orchestre** dirige les musiciens avec sa baguette.*

ordinateur

Un ordinateur est une machine qui a un écran et un clavier.
Il sert à travailler et à jouer. Il calcule très vite.
*Avec un **ordinateur**, on peut aussi faire des dessins.*

ordre

1. Un ordre, c'est ce qu'on dit à quelqu'un de faire. Donner un ordre, c'est ordonner.
*Le policier donne aux automobilistes l'**ordre** de s'arrêter.*
2. Être en ordre, c'est quand tout est à sa place.
*Après le départ de ses amis, Pierre remet sa chambre en **ordre**.*

organiser

Organiser, c'est décider à l'avance ce qu'il faut faire et tout préparer.
*Antoine a **organisé** un grand jeu pour son anniversaire.*

orphelin, orpheline

Un orphelin est un enfant qui n'a plus ses parents.
*Julia est **orpheline** ; elle habite chez son oncle et sa tante.*

os

Les os sont les parties dures du corps qu'on sent sous la peau. L'ensemble des os forme le squelette.
*Les hommes ont beaucoup d'**os**.*

oser

Oser, c'est avoir le courage de faire ou de dire quelque chose.
*Lucie n'**ose** pas dire à sa maman qu'elle a fait une grosse tache sur sa nouvelle robe.*

oublier

1. Oublier, c'est ne plus se souvenir.
*Manuel a **oublié** le nom des amis qu'il avait à la crèche.*
2. C'est aussi laisser quelque chose dans un endroit, sans le faire exprès.
*Clément a **oublié** son écharpe à l'école.*

ours

L'ours est un grand animal à fourrure.
Il y a des ours bruns, des ours noirs et des ours blancs.
*L'**ours** se repose au fond de sa tanière pendant tout l'hiver.*

outil

Un outil est un objet qui aide à travailler.
*Le marteau, la pelle, le tournevis, les pinces, les ciseaux… sont des **outils**.*

ouvrier, ouvrière

Un ouvrier est une personne qui fait un travail avec des outils, pour un patron.
*Le plombier envoie son **ouvrier** réparer une fuite d'eau.*

ouvrir

1. Ouvrir, c'est permettre de passer ou d'entrer quelque part.
*La maîtresse **ouvre** la porte de la classe pour faire entrer les enfants.*
2. C'est aussi défaire un emballage.
*Nadine **ouvre** le paquet qu'elle a reçu.*
3. C'est aussi écarter les parties de quelque chose.
*La maîtresse **ouvre** un livre pour montrer des images aux enfants.*
4. Pour une fleur, s'ouvrir, c'est déplier ses pétales.
*Quand la chaleur arrive, les roses du jardin s'**ouvrent**.*

ovale

Ce qui est ovale est rond et un peu allongé.
*Un œuf de poule est **ovale**.*

• page • pain • paire • paix • pâle • palmier

page

Une page, c'est chaque côté d'une feuille de livre ou de cahier.
Ce dictionnaire a beaucoup de ***pages****.*

pain

Le pain est une nourriture faite avec de la farine, de la levure, de l'eau et du sel.
Le ***pain*** *est tout chaud quand il sort du four.*

paire

Une paire, ce sont des objets qui vont par deux.
Pour ses vacances à la montagne, Charles emporte une ***paire*** *de skis, une* ***paire*** *de moufles, une* ***paire*** *de lunettes et quelques* ***paires*** *de chaussettes.*

paix

La paix, c'est quand il n'y a pas la guerre entre deux pays ou deux personnes.
Julien et Antoine ont arrêté de se bagarrer, ils ont fait la ***paix****.*

pâle

Être pâle, c'est être presque blanc.
Marius a mal au cœur, il a le visage tout ***pâle****.*

palmier

Un palmier est un arbre des pays chauds qui a de larges feuilles appelées palmes.
Les dattiers et les cocotiers sont des ***palmiers*** *; leurs fruits sont les dattes et les noix de coco.*

panda

Un panda est un gros animal qui ressemble à un ours.

*Le **panda** vit dans de très hautes montagnes d'Asie. Il mange des feuilles de bambou.*

---

panne

Une panne, c'est quand, tout d'un coup, une machine s'arrête et ne marche plus.

*Quand l'ascenseur est en **panne**, il faut monter par l'escalier.*

---

panneau

Un panneau est une plaque qui sert à indiquer quelque chose.

*Dans cette rue, il y a des **panneaux** qui indiquent les directions et les sens interdits.*

---

panthère

Une panthère est un gros animal sauvage des pays chauds. Sa fourrure est jaune avec des taches noires.

*La **panthère** d'Afrique s'appelle un léopard. La **panthère** d'Amérique du Sud s'appelle un jaguar. La **panthère** noire vit en Asie.*

papier

Le papier sert à faire des livres et des journaux. Il sert aussi à écrire et à faire des paquets.

*On fabrique le **papier** avec du bois, de la paille, des chiffons ou des vieux **papiers**.*

---

papillon

Un papillon est un insecte qui a quatre ailes colorées.

*Les **papillons** pondent des œufs qui deviennent des chenilles ; les chenilles se transforment ensuite en **papillons**.*

---

paquet

Un paquet, c'est un ou plusieurs objets qu'on enveloppe pour les vendre ou les transporter.

*Malika a acheté un **paquet** de bonbons.*

parasol

Un parasol ressemble à un grand parapluie, son ombre protège du soleil.
En été, sur les terrasses des cafés, il y a souvent des tables avec des ***parasols****.*

---

pardon

Demander pardon, c'est demander qu'on nous excuse.
Hugo a fait tomber Ferdinand ;
Hugo demande ***pardon*** *à Ferdinand ;*
Ferdinand pardonne à Hugo.

---

pareil, pareille

Être pareil, c'est être le même.
Saïd et Jonathan ont exactement les mêmes baskets ; elles sont ***pareilles****.*

---

paresseux, paresseuse

Une personne paresseuse n'aime pas beaucoup se fatiguer.
La maman de Benjamin lui dit gentiment :
« Lève toi, mon petit ***paresseux*** *! »*

parfait, parfaite

Ce qui est parfait est très bien ; on ne peut pas faire mieux.
Ce gâteau est ***parfait*** *: il est beau et très bon.*

---

parfum

1. Un parfum est une bonne odeur.
Les roses ont un ***parfum*** *délicieux.*

2. C'est aussi le goût de quelque chose.
Pour le dessert, les enfants peuvent choisir entre deux ***parfums*** *de glace : chocolat et framboise.*

---

partager

Partager, c'est séparer en parts. Une part, c'est une partie d'un tout.

Le papa de Tom a ***partagé*** *la tarte en huit parts. Chaque enfant aura une part.*

partie

1. Une partie, c'est un morceau de quelque chose.
Quentin va se coucher ; il n'a vu qu'une **partie** *du film.*
2. C'est aussi un jeu qui finit quand l'un des joueurs a gagné.
Les enfants font une **partie** *de cache-cache.*

partir

1. Partir, c'est quitter l'endroit où l'on est.
Les enfants ont fini leur petit déjeuner ; ils vont **partir** *pour l'école.*
2. C'est aussi se mettre à marcher.
Quand la voiture ne veut pas **partir**, *c'est qu'elle est en panne.*
3. C'est aussi avoir disparu.
Zoé a frotté son pantalon avec une brosse et la tache est **partie**.

partout

Partout, c'est dans tous les endroits.
Julie fouille **partout** *dans sa chambre pour retrouver son doudou.*

pas

Faire un pas, c'est mettre un pied devant l'autre pour marcher.
Le bébé fait ses premiers **pas**.

passé

Le passé, c'est ce qui était avant, qui est fini.
Clémentine et Bastien sont grands maintenant ; dans le **passé**, *ils étaient des bébés.*

passer

1. Passer, c'est avancer sans s'arrêter.
Les enfants regardent **passer** *le train.*
2. C'est aussi traverser.
Le pont **passe** *au-dessus des rails.*
3. C'est aussi disparaître.
Mathilde n'a plus mal à la tête ; sa douleur est **passée**.
4. C'est aussi donner ou envoyer quelque chose.
Irène **passe** *le ballon à Martine.*
5. C'est aussi employer son temps.
Les enfants ont **passé** *l'après-midi à la piscine.*

pâte

1. La pâte sert à faire du pain, des gâteaux, des crêpes…
*La **pâte** à gâteaux est faite avec de la farine, du beurre, des œufs et du sucre.*
2. C'est aussi une matière un peu molle.
*Zoé fait des bonshommes en **pâte** à modeler.*
3. Les nouilles, les spaghettis, les macaronis sont des pâtes.
*On fait cuire les **pâtes** dans de l'eau salée.*

—

patient, patiente

Être patient, c'est être capable de rester calme et d'attendre le temps qu'il faut.
*Les enfants sont très **patients** ; ils attendent leur tour sans bouger.*

—

pâtisserie

1. Une pâtisserie est un gâteau sucré, fait avec de la pâte.
*Les éclairs, les choux à la crème, les tartes sont des **pâtisseries**.*

2. C'est aussi la boutique où l'on vend ces gâteaux.
*Un pâtissier travaille dans une **pâtisserie** : il fait les gâteaux.*

—

patron, patronne

Un patron est une personne qui a des gens sous ses ordres.
*Un **patron** dirige un atelier, un commerce, une usine ou une entreprise.*

—

patte

Patte est le nom des jambes et des pieds des animaux.
*Le chat a deux **pattes** avant et deux **pattes** arrière ; les oiseaux ont deux **pattes**, les insectes ont six **pattes**.*

—

paupière

La paupière est la peau qui protège l'œil.
Les paupières s'ouvrent et se ferment.
*Quand on s'endort, les **paupières** se ferment toutes seules.*

payer

Payer, c'est donner de l'argent pour acheter quelque chose.

Dans les magasins, on ***paye*** *ce qu'on achète à la caisse.*

pays

Un pays est un grand morceau de terre dont les habitants ont les mêmes dirigeants. Les pays sont séparés par des frontières.

La France, l'Espagne, le Portugal, l'Algérie, le Japon… sont des ***pays****.*

paysage

Le paysage est la vue que l'on a d'un endroit.

Du haut de la montagne, on voit un ***paysage*** *magnifique.*

pêcher

Pêcher, c'est attraper des poissons.

Les pêcheurs ***pêchent*** *avec une canne à pêche ou avec un filet.*

peindre

1. Peindre, c'est étendre de la peinture avec un pinceau ou avec un rouleau.

Quand on ***peint****, on se met souvent de la peinture sur les doigts.*

2. C'est aussi faire un tableau.

Le peintre a ***peint*** *plusieurs tableaux.*

peine

1. Avoir de la peine, c'est être triste, avoir du chagrin.

Pierrot a de la ***peine*** *parce que son petit chat est mort.*

2. C'est aussi avoir du mal à faire quelque chose.

Les petits ont de la ***peine*** *à marcher aussi vite que les grands.*

pencher

1. Pencher, c'est ne pas être droit.

L'arbre ***penche****, on dirait qu'il va tomber !*

2. Se pencher, c'est baisser le haut du corps vers l'avant.

La maman se ***penche*** *pour embrasser son bébé.*

pendule

Une pendule donne l'heure ; elle est posée sur un meuble ou accrochée à un mur.
*La **pendule** du couloir sonne toutes les heures.*

---

penser

1. Penser, c'est avoir des idées et réfléchir.
*Claire **pense** à ce qu'elle fera mercredi.*
2. C'est aussi ne pas oublier.
*Claire a **pensé** à rapporter son cahier à l'école.*

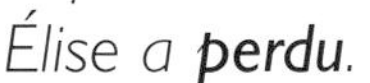

---

pente

Une pente, c'est une descente ou une montée, c'est quand le sol n'est pas plat.
*Éric fait du ski sur une **pente** très raide.*

---

pépin

Le pépin est la graine de certains fruits et de certains légumes.
*Les pastèques, les raisins, les pommes, les poires, les citrouilles… ont des **pépins**.*

percer

Percer, c'est faire un trou.
*Des ouvriers **percent** la montagne pour construire un tunnel.*

---

perdre

1. Perdre, c'est ne pas gagner un jeu.
*Angélique a gagné la partie de cartes, Élise a **perdu**.*
2. C'est aussi oublier quelque chose quelque part et ne plus le retrouver.
*Louis a **perdu** sa peluche.*
3. C'est aussi ne plus avoir.
*Les arbres **perdent** leurs feuilles en automne.*
4. Se perdre, c'est ne pas savoir retrouver son chemin.
*Le Petit Poucet et ses frères se sont **perdus** dans la forêt.*

---

perle

Les perles sont des petites boules de toutes les couleurs, avec un trou pour passer un fil.
*Jérôme et Clémence enfilent des **perles** pour faire des colliers et des bracelets.*

permettre

1. Permettre, c'est donner le droit de faire quelque chose.
Pendant les vacances, les parents ***permettent*** *souvent à leurs enfants de se coucher plus tard.*
2. C'est aussi rendre possible.
Le téléphone portable ***permet*** *d'appeler quelqu'un de n'importe où.*

personnage

Un personnage est une personne qui a un rôle important dans la vie ou dans une histoire.
Blanche-Neige et les sept nains sont des ***personnages*** *de conte de fées.*

personne

1. Une personne, c'est quelqu'un : un homme, une femme ou un enfant.
Il y a trois ***personnes*** *qui attendent le bus.*

2. « Il n'y a personne » veut dire que tout le monde est absent.
Pendant le week-end, l'école est vide ; il n'y a ***personne****.*

peser

1. Peser, c'est avoir tel ou tel poids.
Alexandre ***pèse*** *quinze kilos.*
2. C'est aussi mesurer le poids.
Le boucher ***pèse*** *la viande sur sa balance.*

pétale

Les pétales sont une partie de la fleur.
Les ***pétales*** *de rose peuvent être rouges, blancs, jaunes ou roses.*

petit, petite

1. Être petit, c'est avoir une taille qui n'est pas grande.
La souris est un ***petit*** *animal.*
2. C'est aussi être tout jeune.
Un bébé est trop ***petit*** *pour aller à l'école.*
3. C'est aussi ne pas être fort.
Un bébé a une toute ***petite*** *voix.*

petit

Le petit, c'est le bébé d'un animal.
Le faon est le ***petit*** *de la biche.*

A B C D E F G H I J K L M N O P Q R S T U V W X Y Z

peur

La peur, c'est ce qu'on sent quand il y a un danger ou qu'on croit qu'il y a un danger.
*Thomas a **peur** du noir.*

peut-être

« Peut-être » veut dire « c'est possible, mais ce n'est pas sûr ».
*Il y a de gros nuages : il va **peut-être** pleuvoir.*

phare

1. Un phare sert à éclairer la route quand il fait nuit.
*Les vélos, les voitures, les camions ont des **phares**.*
2. C'est aussi une tour à l'entrée d'un port, qui donne de la lumière.
*Les **phares** aident les bateaux à trouver leur chemin, quand il fait nuit.*

phoque

Un phoque est un animal qui vit dans les mers froides.
*Les **phoques** peuvent vivre sous la glace en creusant des trous pour respirer.*

photo

Une photo est une image faite avec un appareil photo.
*Le jour de son anniversaire, Clotilde a fait une **photo** de tous ses amis.*

piano

Un piano est un instrument de musique qui a un clavier avec des touches noires et des touches blanches.
*Les **pianos** droits sont plus petits que les **pianos** à queue.*

pièce

1. Une pièce est un petit morceau de métal plat et rond qui sert à payer.
*Pour payer le pain, Luc donne une **pièce** de 5 francs à la boulangère.*
2. C'est aussi un espace entouré de murs, dans une maison ou un appartement.
*La salle à manger, le salon, la chambre sont des **pièces**.*
3. C'est aussi un spectacle de théâtre.
*À la fête de l'école, les grands ont joué une **pièce** de théâtre.*

pigeon

Un pigeon est un oiseau qui a des ailes larges et courtes.
*La femelle du **pigeon** est la pigeonne ; leur petit est le pigeonneau.*

---

pile

1. Une pile, c'est un tas d'objets mis les uns sur les autres.
*Dans le placard de la cuisine, il y a une **pile** d'assiettes.*
2. C'est aussi un petit appareil qui donne de l'électricité.
*Beaucoup de jouets marchent avec des **piles**.*

---

pingouin

Un pingouin est un oiseau blanc et noir qui vit près des mers froides.
*Les **pingouins** plongent pour attraper des poissons. Ils savent aussi nager et voler.*

---

pion

Un pion est un petit objet, souvent rond, en bois ou en plastique, avec lequel on joue.
*Au jeu de l'oie, on joue avec des **pions** qui ressemblent à des oies.*

piquer

1. Piquer, c'est enfoncer une aiguille ou quelque chose de très pointu.
*Les roses ont des épines qui **piquent** fort.*
2. C'est aussi donner une impression de brûlure.
*Le poivre, ça **pique** !*

---

piqûre

1. Faire une piqûre, c'est envoyer un médicament dans le corps avec une aiguille.
*Le médecin fait une **piqûre** à Justine.*
2. Une piqûre, c'est une trace laissée sur la peau par un insecte qui a piqué.
*Les **piqûres** de guêpe font très mal.*

---

pire

Pire, c'est plus mal ou plus mauvais.
*Au mois de décembre, il fait froid, mais au mois de janvier c'est souvent **pire**.*

place

1. Une place, c'est un grand espace dans une ville ou un village.
Il y a un manège sur la ***place*** *du village.*
2. C'est aussi un espace libre.
L'épicier a trouvé une ***place*** *pour garer son camion.*
3. C'est aussi l'endroit où l'on se met.
À table, Clémentine veut toujours s'asseoir à la même ***place****.*
4. C'est aussi un siège pour s'asseoir au spectacle, dans le train, en avion.
Il n'y a plus de ***place*** *dans le train ; les enfants doivent rester debout.*

---

plaindre

1. Plaindre quelqu'un, c'est avoir de la peine pour lui.
Pauline s'est fait mal ; sa maman la ***plaint****.*
2. Se plaindre, c'est dire qu'on a mal ou qu'on n'est pas content.
Pauline a mal à la tête ; elle se ***plaint****.*

---

plaire

Plaire à quelqu'un, c'est lui faire plaisir, le rendre content.
Paul est content ; son nouveau jouet lui ***plaît*** *beaucoup.*

plaisir

Le plaisir, c'est ce qu'on sent quand on est content.
Quel ***plaisir*** *de se baigner !*

---

plante

Une plante est un végétal. Elle se nourrit par ses racines qui sont dans la terre.
Les arbres, les fleurs, les légumes, les herbes sont des ***plantes****.*

---

plat, plate

Ce qui est plat est lisse et n'a ni creux ni bosse.
La cour de l'école est bien ***plate*** *: c'est parfait pour jouer aux billes.*

plein, pleine

1. Quand quelque chose est plein, on ne peut rien mettre de plus.
La bouteille de lait est vide ; Jessica donne une bouteille ***pleine*** *à Paul.*
2. C'est aussi avoir beaucoup de quelque chose.
Les chaussures d'Anne sont ***pleines*** *de boue.*

A B C D E F G H I J K L M N O **P** Q R S T U V W X Y Z

plier

Plier, c'est mettre une partie d'un tissu ou d'un papier sur l'autre partie.
*Claude a **plié** sa lettre pour la mettre dans une enveloppe.*

plonger

Plonger, c'est sauter la tête la première dans l'eau.

*À la piscine, les enfants apprennent à **plonger** du haut du plongeoir.*

pluie

La pluie, c'est de l'eau qui tombe des nuages en gouttes.
*Il pleut ; la **pluie** tombe très fort ; c'est une averse.*

plume

1. Les plumes couvrent le corps des oiseaux.
*Les **plumes** sont légères ; elles permettent aux oiseaux de voler.*
2. C'est aussi la partie en métal, au bout du stylo, avec laquelle on écrit.
*Certains stylos ont des **plumes** en or.*

plusieurs

Plusieurs, c'est plus qu'un, mais on ne sait pas exactement combien.
*Jérémie a **plusieurs** livres dans sa bibliothèque.*

poésie

Les poésies sont de jolis textes qui font comme une musique.
« Une fourmi de dix-huit mètres avec un chapeau sur la tête, ça n'existe pas, ça n'existe pas. Eh ! Pourquoi pas ? » est une ***poésie*** *écrite par le poète Robert Desnos.*

poids

Le poids, c'est ce que pèse quelque chose ou quelqu'un.
*Le **poids** se mesure en kilos et en grammes. Thomas pèse 18 kilos.*

poignée

1. Une poignée est ce qui sert à tenir quelque chose à la main.
*Manuela tient sa valise de poupées par la **poignée**.*
2. C'est aussi ce qui tient dans la main.
*Caroline a lancé une **poignée** de sable sur sa petite sœur.*

---

point

Le point est une petite marque ronde.
*Lucas dessine des **points** avec la pointe de son crayon.*

---

pointe

1. Une pointe, c'est le bout fin et souvent piquant d'un objet.
*Quand un crayon est bien taillé, sa **pointe** est piquante.*
2. Marcher sur la pointe des pieds, c'est marcher sur le bout des orteils, pour ne pas faire de bruit.
*Frédéric marche sur la **pointe** des pieds pour ne pas réveiller ses enfants.*

pointu, pointue

Ce qui est pointu a une pointe au bout.
*Les chats ont des dents **pointues**.*

---

poire

Une poire est un fruit.
*Une **poire** pousse sur un poirier.*

---

poison

Le poison rend très malade si on l'avale ; il peut même faire mourir.
*Il y avait du **poison** dans la pomme que Blanche-Neige a mangée.*

---

poisson

Les poissons vivent dans l'eau ; ils ont des nageoires et une queue ; leur corps est souvent couvert d'écailles.
*Les saumons, les sardines, les requins sont des **poissons**.*

poivre

Le poivre est fait avec les graines d'une plante, le poivrier. On écrase ces graines très finement pour les mettre dans la nourriture.
*Le **poivre** donne du goût, mais il pique ; il fait éternuer si on le respire.*

---

poli, polie

Être poli, c'est être agréable avec les autres.
*Une personne **polie** dit « bonjour, au revoir, merci, s'il vous plaît, pardon ».*

policier

Un policier est une personne qui fait respecter la loi, qui surveille et qui protège les gens.
*Les **policiers** arrêtent les voitures qui roulent trop vite.*

---

polluer

Polluer, c'est mettre dans l'air, la terre ou l'eau des choses qui sont mauvaises pour la santé.
*Les voitures **polluent** l'air des grandes villes.*

pomme

Une pomme est un fruit ; elle pousse sur un pommier.
*Une **pomme de terre** est un légume ; elle pousse dans la terre.*

---

pompier

Un pompier vient au secours des gens dans les incendies, les inondations et les accidents.
*Les **pompiers** jettent de l'eau sur le feu pour l'éteindre.*

---

pondre

Pondre, c'est faire un œuf.
*Les oiseaux, les insectes, les poissons, les serpents, les grenouilles, les crocodiles **pondent** des œufs.*

---

pont

Un pont est une construction qui permet de passer par-dessus les rivières et les routes.
*Le bateau passe sous le **pont**.*

port

Un port est un endroit où les bateaux peuvent s'arrêter et s'abriter.
*Dans les **ports**, on charge et on décharge les marchandises des gros bateaux.*

porter

1. Porter, c'est tenir soulevé.
*Jules **porte** un panier à la main, Louis **porte** un sac sur les épaules.*
2. C'est aussi avoir sur soi.
*Camille **porte** une écharpe rouge.*
3. C'est aussi transporter quelque chose quelque part.
*Béatrice **porte** une lettre à la poste.*

portrait

Un portrait, c'est le dessin ou la photo du visage d'une personne.
*Tous les enfants ont dessiné le **portrait** de la maîtresse.*

poser

Poser, c'est mettre quelque chose quelque part.
*Juliette a **posé** ses valises dans l'entrée de la maison.*

possible

1. Ce qui est possible peut se faire.
*L'école n'est pas très loin, c'est **possible** d'y aller à pied.*
2. C'est aussi ce qui peut arriver.
*Il fait froid et le ciel est tout gris ; c'est **possible** qu'il neige.*

poudre

La poudre est faite de grains minuscules.
*On trouve de la lessive, du sucre, du lait en **poudre**.*

poule

Une poule est un oiseau qui vit à la ferme. Un fermier élève une poule pour sa viande et ses œufs.
*Le mâle de la **poule** est le coq. Leurs petits sont les poussins. Une jeune **poule** ou un jeune coq sont des poulets.*

A B C D E F G H I J K L M N O P Q R S T U V W X Y Z

A B C D E F G H I J K L M N O

Q R S T U V W X Y Z

pourri, pourrie

Ce qui est pourri est abîmé
et n'est plus bon à manger.
*La pomme est **pourrie**, il faut la jeter.*

---

pousser

1. Pousser, c'est faire bouger vers l'avant en appuyant.
*Marin **pousse** sa voiture pour la faire avancer.*
2. C'est aussi grandir.
*Les fleurs, les arbres, les cheveux **poussent**.*
3. C'est aussi faire entendre un son.
*Le bébé a **poussé** un cri.*

---

poussière

La poussière, c'est des minuscules grains qui sont dans l'air et qui salissent tout.
*Joseph a retrouvé un de ses vieux jouets dans la cave ; il était couvert de **poussière**.*

---

pouvoir

1. Pouvoir, c'est savoir, ou être capable de faire quelque chose.
*Léa **peut** écrire son nom.*
2. C'est aussi avoir la permission.
*Raoul **pourra** aller jouer chez son ami quand il rentrera de l'école.*
3. « Il peut » veut dire « il est possible ».
*À l'automne, il **peut** se mettre à faire froid.*

préférer

Préférer, c'est aimer mieux.
*Judith aime les glaces au chocolat, Alice **préfère** les glaces à la vanille.*

---

premier, première

Être premier, c'est être avant tous les autres.
*A est la **première** lettre de l'alphabet.*

---

prendre

1. Prendre, c'est attraper avec ses mains ou emporter.
*Il fait froid, Emma **prend** son manteau pour sortir.*
2. C'est aussi choisir.
*À la bibliothèque, Aïcha a **pris** un livre sur les loups ; son frère a **pris** un livre sur les dauphins.*
3. C'est aussi emporter par erreur ou pour voler.
*Emma a **pris** les bonbons de sa sœur.*
4. C'est aussi utiliser quelque chose.
*La maman d'Emma **prend** sa voiture pour aller travailler.*

prénom

Le prénom, c'est le premier nom, avant le nom de famille ; c'est comment on s'appelle.
*Nadia, Pierre, Clémence, Julien, Maria, Malika, Hugo… sont des **prénoms**.*

préparer

Préparer, c'est faire à l'avance, tenir prêt.
*Pendant que Julia **prépare** sa valise, Alex **prépare** un gâteau.*

---

présent, présente

Être présent, c'est être là.
*La maîtresse a appelé les élèves ; tout le monde est **présent**, sauf Julien, qui est absent.*

---

présenter

1. Présenter, c'est dire le nom d'une personne à une autre.
*Anne **présente** Ahmed à sa maman.*
2. C'est aussi montrer.
*Au cinéma, on **présente** son billet à l'entrée.*

presser

1. Presser, c'est serrer fort entre ses doigts.
*Claude **presse** l'éponge pour que l'eau sorte.*
2. Se presser, c'est faire vite, se dépêcher.
*Le matin, Irène doit se **presser** pour ne pas être en retard à l'école.*

---

prêt, prête

Être prêt, c'est avoir fini de se préparer.
*Mathilde a mis son manteau ; elle est **prête** à sortir.*

---

prêter

Prêter, c'est donner pour un moment et reprendre après.
*Stéphanie **prête** son Yo-Yo à Lisa.*

A B C D E F G H I J K L M N O

Q R S T U V W X Y Z

prévenir

1. Prévenir, c'est dire à l'avance.
Quand on ne peut pas venir à l'école, il faut ***prévenir*** *la maîtresse.*
2. C'est aussi avertir, demander de venir.
L'herbe a pris feu, Il faut vite ***prévenir*** *les pompiers !*

—

prix

1. Le prix, c'est ce que coûte quelque chose.
Le ***prix*** *des jouets est marqué sur leur boîte.*
2. C'est aussi ce qu'on a quand on gagne.
Marc a gagné le premier ***prix*** *au jeu de la fête de l'école.*

—

problème

1. Un problème, c'est quelque chose qui ne va pas.
Luc a un ***problème*** *: il ne sait plus où il a laissé son cartable.*
2. C'est aussi une question à laquelle on doit essayer de répondre.
Voici un ***problème*** *facile : Isabelle avait 5 bonbons, elle en a mangé 4, combien lui en reste-t-il ?*

prochain, prochaine

Le prochain, c'est ce qui vient après.
L'année ***prochaine****, les grands de la maternelle iront à la grande école.*

—

produit

Un produit est quelque chose qui vient de la nature ou qui a été fabriqué par les hommes.
Le bois est un ***produit*** *de la nature.*

—

profond, profonde

Quelque chose est profond quand le fond est loin du dessus.
La rivière est ***profonde****, on ne voit pas le fond.*

—

progrès

Faire des progrès, c'est faire mieux.
Leïla a fait des ***progrès*** *en ski : elle commence à aller vite.*

promettre

Promettre, c'est dire qu'on va vraiment faire ce qu'on dit.

La maîtresse ***promet*** *aux enfants de leur raconter une histoire !*

---

protéger

1. Protéger quelque chose ou quelqu'un, c'est se mettre entre lui et ceux qui l'attaquent.
La poule ***protège*** *ses poussins.*
2. C'est aussi servir d'abri.
Le parasol ***protège*** *du soleil.*

---

prudent, prudente

Être prudent, c'est faire très attention quand il y a du danger.

Il faut être très ***prudent*** *quand on fait de la bicyclette dans la rue.*

---

publicité

Une publicité, c'est une affiche, une image ou un petit film qui parlent d'un produit pour qu'on l'achète.

Avant Noël, il y a beaucoup de ***publicités*** *pour les jouets, à la télévision et dans les journaux.*

punir

Punir, c'est obliger quelqu'un à faire une chose désagréable ou l'empêcher de faire une chose qu'il aime.

Louis a fait une bêtise ; pour le ***punir****, sa maman lui dit de rester dans sa chambre.*

---

pur, pure

1. Ce qui est pur n'est mélangé avec rien.
Un jus de fruits est ***pur*** *quand il n'y a ni eau ni sucre dedans.*
2. C'est aussi ce qui est tout à fait propre et n'est sali par rien.
L'eau d'une source est ***pure****.*

---

pyramide

Une pyramide est un monument pointu, qui a quatre côtés en forme de triangles.

Les ***pyramides*** *d'Égypte étaient les tombes des pharaons, les rois d'Égypte il y a très longtemps.*

qualité

Une qualité, c'est quelque chose qui est bien dans le caractère de quelqu'un.
*Être courageux est une **qualité**, être menteur est un défaut.*

quand

1. « Quand » veut dire « à quel moment ».
*Les enfants voudraient bien savoir **quand** le repas va être prêt.*
2. Cela veut dire aussi « au moment où ».
*Zoé avait trois ans **quand** Alex est né.*

quartier

1. Un quartier, c'est une partie d'une ville.
*Dans le **quartier** de Léa et Tom, il y a beaucoup de cinémas.*

2. C'est aussi une partie de la Lune.
*On voit d'abord le premier **quartier** de la lune, puis la pleine lune et enfin le dernier **quartier** de la lune.*
3. C'est aussi une partie d'une orange ou d'une clémentine.
*Manuel ne veut manger qu'un seul **quartier** d'orange.*

quelque chose

Quelque chose, c'est une chose, n'importe laquelle.
Mathilde demande à son papa s'il a apporté ***quelque chose*** *à manger.*

quelquefois

Quelquefois, c'est de temps en temps.
Les petits emportent ***quelquefois*** *leur doudou à l'école.*

quelques

Quelques, c'est plusieurs, mais pas beaucoup.
Marc s'est fait ***quelques*** *amis dans la cour de récréation.*

quelqu'un

Quelqu'un, c'est une personne dont on ne sait pas le nom.
Quelqu'un *entre dans la boulangerie.*

question

Poser une question, c'est demander quelque chose à quelqu'un.
Quand on pose une ***question****, on attend une réponse.*

quitter

Quitter une personne ou un endroit, c'est les laisser pour aller ailleurs.
Tous les soirs, des voitures ***quittent*** *Paris et prennent l'autoroute.*

racine

Une racine, c'est la partie d'une plante qui est dans la terre.

*Les arbres, les fleurs, les légumes se nourrissent par leurs **racines**.*

radis

Un radis est une plante dont on mange la racine.

*Les **radis** sont roses à l'extérieur et blancs à l'intérieur. On les mange avec du beurre et du sel.*

raisin

Le raisin est le fruit de la vigne, il pousse en grappes ; ses grains sont noirs ou blancs. Dans les grains, il y a des pépins.

*Avec le jus du **raisin**, on fait du vin.*

raison

1. Une raison, c'est ce qui explique pourquoi on a fait ceci ou cela.

*Les parents de Nicolas ont déménagé pour deux **raisons** : leur ancienne maison était trop petite et, en plus, elle était trop loin de l'école.*

2. Avoir raison, c'est ne pas se tromper.

*Michel dit que l'araignée a huit pattes et que les insectes en ont six : il a **raison**.*

ralentir

Ralentir, c'est aller plus lentement.

*Les voitures **ralentissent** dans les virages.*

rampe

Une rampe est une sorte de barrière le long d'un escalier. Elle sert à se tenir.

*Pour monter les escaliers, Madeleine s'appuie sur la **rampe**.*

ramper

Ramper, c'est avancer en se traînant par terre, sur le ventre.
*L'Indien **rampe** sans bruit derrière le cow-boy.*

rang

Un rang, c'est une rangée.
*Pour traverser la rue, les enfants se mettent en **rang**, deux par deux.*

rangée

Une rangée, c'est des personnes ou des choses qui sont les unes à côté des autres, sur une même ligne.
*Au bord de la rivière, il y a une **rangée** d'arbres.*

rapide

Être rapide, c'est aller vite.
*Le TGV est un des trains les plus **rapides** du monde.*

se rappeler

Se rappeler, c'est se souvenir.
*Alexandre ne se **rappelle** plus où il a mis ses billes.*

rater

Rater, c'est manquer quelque chose.
*Marie court pour ne pas **rater** son train.*

rayon

1. Un rayon, c'est un trait de lumière qui part d'un centre.
*Léa a dessiné un soleil avec ses **rayons**.*
2. C'est aussi une tige de métal qui part du centre de la roue.
*Les roues des bicyclettes ont des **rayons**.*
3. C'est aussi la partie d'un magasin où l'on trouve tel ou tel produit.
*Dans les grands magasins, il y a souvent un **rayon** de jouets.*

rayure

1. Une rayure, c'est une bande de couleur.
*Le zèbre a des **rayures** noires.*
2. Une rayure est un petit trait qui abîme quelque chose.
*Le chat fait des **rayures** sur la table avec ses griffes. Il raye la table.*

recette

Une recette est une explication sur la façon de préparer un plat.
*Jonathan a trouvé une bonne **recette** de mousse au chocolat.*

recevoir

1. Recevoir, c'est prendre ce qui est donné ou envoyé.
*Léa a **reçu** un cadeau de sa grand-mère.*
2. C'est aussi inviter des personnes chez soi.
*Les parents de Camille **reçoivent** des amis à dîner.*

rechercher

1. Rechercher, c'est chercher en voulant vraiment trouver.
*Romane s'est perdue dans le magasin. Ses parents la **recherchent**.*
2. C'est aussi reprendre ce qu'on a laissé.
*Monsieur Giraud ira **rechercher** sa voiture au garage, quand elle sera réparée.*

récipient

Un récipient est un objet dans lequel on peut mettre un liquide.
*Un pot, une cuvette, un vase sont des **récipients**.*

réciter

Réciter, c'est dire à haute voix quelque chose qu'on a appris.
*Stéphanie **récite** une poésie.*

réclamer

Réclamer, c'est demander très fort.
*Un chat **réclame** à manger quand il a très faim.*

recommencer

Recommencer, c'est refaire ce qu'on a déjà fait.
*Sophie s'est trompée dans sa chanson ; elle la **recommence** depuis le début.*

reconnaître

Reconnaître, c'est savoir qui est quelqu'un en le voyant.
*Paul a **reconnu** Pierre. Pourtant, il ne l'avait pas vu depuis très longtemps.*

rectangle

Un rectangle est une forme qui a deux grands côtés et deux petits côtés.
*Les pages du livre d'Anne sont des **rectangles**.*

reculer

Reculer, c'est aller en arrière.
*Il ne faut jamais passer derrière une voiture qui **recule** !*

récupérer

Récupérer, c'est reprendre ce qu'on avait laissé ou prêté.
*Hugo a **récupéré** les petites voitures qu'il avait prêtées à Jean.*

réfléchir

Réfléchir, c'est chercher dans sa tête.
*Clémence **réfléchit** à quel jeu elle aimerait jouer.*

refroidir

1. Refroidir, c'est devenir plus froid.
*Quand le temps se **refroidit**, il faut mettre des vêtements plus chauds.*
2. C'est aussi rendre plus froid.
*Le glaçon **refroidit** le jus de fruits.*

refuser

Refuser, c'est ne pas vouloir et dire non.
*Capucine **refuse** d'aller jouer chez son ami Marius.*

regarder

Regarder, c'est diriger ses yeux vers quelque chose ou quelqu'un pour le voir.
*Joachim **regarde** les oiseaux dans le ciel.*

règle

1. Une règle est un objet qui sert à tirer des traits droits.
*Zoé s'amuse à faire des traits avec sa **règle**.*
2. C'est aussi ce qu'on doit faire et ce qu'on ne doit pas faire quand on joue.
*Avant de commencer la partie de dominos, Vanessa explique la **règle** du jeu.*

regretter

Regretter, c'est être triste de quelque chose.
*Alex est malade ; il **regrette** beaucoup de ne pas pouvoir aller à l'anniversaire de Ferdinand.*

remarquer

Remarquer, c'est voir une chose parmi d'autres.
*Alice a **remarqué** qu'Antoine s'était coupé les cheveux.*

remplacer

Remplacer, c'est mettre à la place.

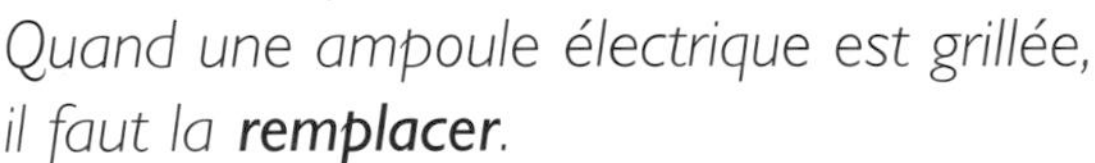

*Quand une ampoule électrique est grillée, il faut la **remplacer**.*

remplir

Remplir, c'est mettre quelque chose dans un récipient jusqu'à ce qu'il soit plein.
*Quand une baignoire est trop **remplie**, elle déborde.*

renard

Un renard est un animal sauvage de couleur rousse. Il a un museau pointu et une queue couverte d'une belle fourrure.
*La femelle du **renard** est la renarde, leur petit est le renardeau.*

rencontrer

Rencontrer quelqu'un, c'est le croiser par hasard ou parce qu'on l'a voulu.
*Médor a **rencontré** son maître au supermarché.*

rendre

Rendre, c'est redonner quelque chose à quelqu'un.
*Martin **rend** sa bicyclette à Ahmed.*

renne

Un renne est un animal qui vit dans les pays froids. Ses cornes s'appellent des bois.
*Les **rennes** tirent le traîneau du Père Noël.*

renseignement

Un renseignement, c'est quelque chose qu'on a besoin de savoir.
*Le voyageur demande un **renseignement** au chef de gare ; il veut savoir à quelle heure son train va partir.*

rentrer

1. Rentrer, c'est revenir à la maison.
*Les enfants ne sont pas encore **rentrés** de l'école.*
2. C'est aussi aller à l'intérieur.
*L'enveloppe est trop petite, la lettre ne **rentre** pas dedans.*

réparer

Réparer, c'est remettre en bon état.
*Le cordonnier **répare** les chaussures qui sont abîmées.*

repasser

1. Repasser, c'est enlever les plis du linge avec un fer à repasser.
*Monsieur Duval **repasse** toujours ses chemises lui-même.*
2. C'est aussi revenir une autre fois.
*Saïd est venu voir Simon, mais Simon n'était pas là ; Saïd **repassera** un peu plus tard.*

répéter

Répéter, c'est dire encore une fois.
*Thérèse n'a pas entendu ce que sa maman lui a dit ; elle lui demande de **répéter**.*

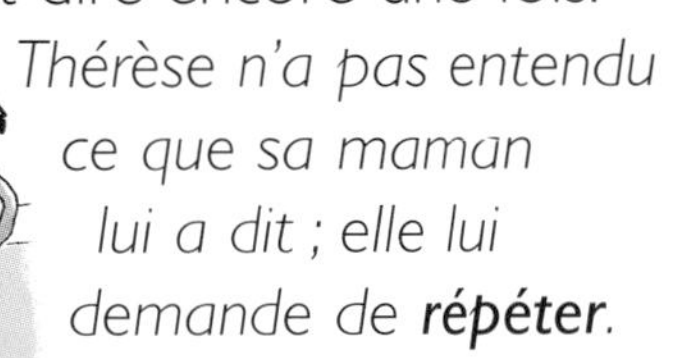

répondre

1. Répondre, c'est parler quand on nous pose une question, c'est donner la réponse.
*La maîtresse a demandé aux enfants s'ils voulaient chanter une chanson. Les enfants ont **répondu** « oui ».*
2. C'est aussi envoyer une lettre à une personne qui a écrit la première.
*Marion a **répondu** à la lettre de sa grand-mère en lui envoyant un beau dessin.*

se reposer

Se reposer, c'est rester tranquille et ne rien faire, quand on est fatigué.
*Les enfants se **reposent** sur leur lit.*

requin

Un requin est un très gros poisson qui vit dans les mers.
*Le **requin** bleu et le **requin** blanc peuvent attaquer les hommes.*

respecter

Respecter, c'est faire attention à quelque chose ou à quelqu'un.
Romane ***respecte*** *la nature ; elle ne jette jamais de papiers par terre.*

respirer

Respirer, c'est aspirer de l'air puis le souffler par le nez et par la bouche.
Quand on court, on ***respire*** *très vite.*

ressembler

Ressembler, c'est être un peu pareil.
Léa ***ressemble*** *beaucoup à sa sœur jumelle.*

rester

1. Rester, c'est ne plus partir ou ne pas partir encore.
La grand-mère a décidé de ***rester*** *une semaine de plus avec ses petits-enfants.*
2. « Il reste » veut dire « il y a encore ».
Il ***reste*** *encore de la mousse au chocolat ; les enfants n'ont pas tout mangé.*

résultat

1. Le résultat, c'est le nombre qu'on trouve quand on fait une opération.
Dans l'addition 1 + 1 = 2, le ***résultat*** *est 2.*
2. C'est aussi ce à quoi on arrive.
Léo et Maria se sont disputés. Le ***résultat*** *est qu'ils ne se parlent plus.*

retard

Être en retard, c'est ne pas être à l'heure, c'est arriver après l'heure prévue.
Quand Marie et Arthur arrivent en ***retard*** *à l'école, ils trouvent la porte fermée.*

retarder

1. Retarder, c'est avoir du retard.
La montre d'Anatole ***retarde*** *de quinze minutes.*
2. C'est aussi mettre les autres en retard.
Avant de sortir, Pascal cherche toujours ses clés ; il ***retarde*** *sa femme et ses enfants.*

retour

Le retour, c'est le moment où l'on revient.

*À leur **retour** de vacances, les enfants étaient en pleine forme.*

retourner

1. Retourner, c'est aller dans un endroit où on est déjà allé.
*Maxime a oublié son écharpe au square ; sa maman doit y **retourner**.*
2. C'est aussi mettre de l'autre côté.
*Laurent **retourne** une crêpe dans la poêle.*
3. Se retourner, c'est se tourner pour regarder derrière soi.
*Luc s'est **retourné** pour voir qui courait derrière lui.*

réussir

Réussir, c'est arriver à bien faire quelque chose.
*Amélie a **réussi** sa tarte aux pommes.*

revenir

1. Revenir, c'est retourner là où on était, c'est rentrer.
*Pierre et Luc **reviendront** de vacances par le train.*
2. C'est aussi venir une nouvelle fois.
*Le printemps est **revenu**.*

rêver

Rêver, c'est imaginer des histoires incroyables en dormant.
*Anita a fait un drôle de rêve : elle a **rêvé** qu'elle volait dans le ciel.*

riche

Être riche, c'est avoir beaucoup d'argent.
*Au début de l'histoire, le Petit Poucet était pauvre ; à la fin de l'histoire, il est devenu très **riche**.*

rien

1. Rien, c'est pas une seule chose.
*Jean ne fait **rien**, il se repose.*
2. « Ce n'est rien » veut dire « ce n'est pas grave ».
*Julia est tombée. Sa maman lui dit que ce n'est **rien**, qu'elle ne s'est pas fait mal.*

rivière

Une rivière, c'est de l'eau qui coule depuis une source jusqu'à un fleuve.
*Une **rivière** est plus grande qu'un ruisseau.*

riz

Le riz est une céréale qui pousse dans l'eau ; on mange ses grains.
*Dans les pays d'Asie, les gens mangent le **riz** avec des baguettes.*

robot

Un robot est une machine automatique qui peut faire un travail à la place de l'homme.
*L'appareil qui bat les œufs ou celui qui sert à faire la soupe sont des **robots**.*

rocher

Un rocher est une grosse pierre.
*Marion et Antoine ont trouvé des coquillages en se promenant sur les **rochers**.*

rond, ronde

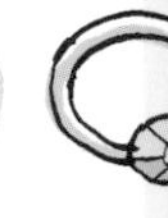

Ce qui est rond a la forme d'un cercle.
*La pièce de 10 francs est **ronde**.*

ronger

Ronger, c'est manger à petits coups de dent.
*Le chien **ronge** les os.*
*La souris, le lapin, l'écureuil, le castor **rongent** tout ce qu'ils mangent.*

rosée

La rosée, c'est les petites gouttes d'eau qu'il y a sur l'herbe, le matin.
*Jeanne a marché dans la **rosée**, ses chaussures sont trempées.*

roue

Les roues sont rondes ; elles permettent d'avancer en roulant.
*Les voitures, les motos, les vélos, les camions, les trains ont des **roues**.*

rouler

1. Rouler, c'est tourner sur soi-même en avançant.
*Thomas est monté en haut de la pente et il a **roulé** jusqu'en bas.*
2. C'est aussi se déplacer avec des roues.
*Le TGV est un train qui **roule** à très grande vitesse.*

royaume

Un royaume est un pays dirigé par un roi ou par une reine.
*La Belgique et l'Espagne sont des **royaumes**.*

ruban

Un ruban est une longue bande fine de tissu ou de papier.
*Marjorie coupe le **ruban** qui entoure son cadeau.*

ruche

Une ruche est une petite maison pour les abeilles.
*Les abeilles font leur miel dans les **ruches**.*

ruine

Une ruine, c'est ce qui reste d'un bâtiment à moitié démoli.
*Derrière la maison de Mathilde, il y a un château en **ruine**.*

ruisseau

Un ruisseau, c'est de l'eau qui coule d'une source jusqu'à une rivière ou un lac.

*Les **ruisseaux** sont plus petits que les rivières.*

rusé, rusée

Être rusé, c'est être très malin et un peu menteur, pour avoir ce qu'on veut.
*Le chat est **rusé**, il fait semblant de dormir, et quand l'oiseau s'approche, il l'attrape.*

sable

Le sable est fait de minuscules grains de pierre et de coquillages écrasés.
*Sur la plage, les enfants jouent dans le **sable** avec leur pelle et leur seau.*

sabot

1. Le sabot est la matière dure qui entoure le bout des pattes de certains animaux.
*Les chevaux, les vaches, les zèbres ont des **sabots**.*
2. Les sabots sont aussi des chaussures en bois.
*Autrefois, les gens qui vivaient à la campagne portaient des **sabots**.*

saigner

Saigner, c'est avoir du sang qui coule.
*Hugo est tombé de vélo ; il a un genou qui **saigne**.*

saison

Une saison, c'est l'une des quatre parties de l'année.
*Les quatre **saisons** sont : le printemps, l'été, l'automne et l'hiver.*
*Chaque **saison** dure trois mois.*

salir

Salir, c'est rendre sale.
Chloé a ***sali*** *sa robe blanche en faisant des galipettes dans l'herbe.*

salive

La salive est le liquide que l'on a dans la bouche.
La ***salive*** *aide à digérer ce que l'on mange.*

sang

Le sang est rouge, il circule dans tout le corps.
Luc s'est coupé, son ***sang*** *coule, il saigne.*

sanglier

Un sanglier est une sorte de cochon sauvage qui vit dans les forêts. Les poils du sanglier sont noirs ou bruns. Ils sont durs.

La femelle du ***sanglier*** *est la laie ; leur petit est le marcassin.*

santé

La santé, c'est comment va le corps.
Simon est en bonne ***santé*** *: il n'est jamais malade.*

sapin

Le sapin est un arbre toujours vert ; ses feuilles s'appellent des aiguilles.
À Noël, les enfants décorent le ***sapin*** *avec des guirlandes et des boules.*

sardine

La sardine est un petit poisson de mer.
On mange des ***sardines*** *grillées ou des* ***sardines*** *à l'huile, en boîte.*

sauf

« Sauf » veut dire « à part », « en dehors de ».
Tout le monde est là, ***sauf*** *Raoul, qui n'est pas encore arrivé.*

sauter

Sauter, c'est faire un saut, c'est-à-dire monter en l'air et retomber sur ses pieds ou sur ses pattes.
*Une sauterelle est un insecte qui se déplace en **sautant**.*

sauvage

1. Un animal sauvage vit en liberté dans la nature.
*Le renard, le lièvre, le tigre sont des animaux **sauvages** ; le chat et le chien sont des animaux domestiques, ils vivent dans des maisons avec des gens.*
2. Les plantes sauvages poussent toutes seules dans la nature.
*Les coquelicots, les pâquerettes sont des fleurs **sauvages**.*

sauver

1. Sauver, c'est aider une personne qui est en danger.
*Denis plonge pour **sauver** le petit enfant qui est tombé dans l'eau.*
2. Se sauver, c'est partir vite ou s'enfuir.
*La porte était ouverte : le chat s'est **sauvé** dans l'escalier.*

savoir

1. Savoir, c'est garder dans sa tête ce qu'on a appris et ne pas l'oublier.
*Noémie **sait** dans quel arbre l'oiseau a fait son nid.*

2. C'est aussi être au courant.
*Les enfants **savent** que leur grand-père arrive demain.*
3. C'est aussi être capable de faire quelque chose.
*Léa **sait** écrire son nom.*

sec, sèche

1. Être sec, c'est ne plus être mouillé, avoir perdu toute son eau.
*Julia sèche ses cheveux avec un sèche-cheveux ; ses cheveux sont presque **secs**.*

2. C'est aussi ne plus être frais.
*Lorsque le pain est vieux, il est **sec** et dur.*

seconde

Une seconde mesure un tout petit instant.
Pour faire la photo de classe, le photographe demande aux enfants de ne pas bouger pendant quelques ***secondes****.*

secouer

Secouer, c'est remuer très fort.
Isabelle ***secoue*** *la nappe.*

secours

Un secours, c'est une aide apportée à une personne en danger.
La maison de Lucien a pris feu. Un pompier est venu à son ***secours*** *; il a aidé Lucien à sortir de chez lui.*

secret

Un secret, c'est une chose qu'on ne doit dire à personne.
Frédéric dit un ***secret*** *à Nathalie ; Nathalie ne le dira pas à Valérie.*

sécurité

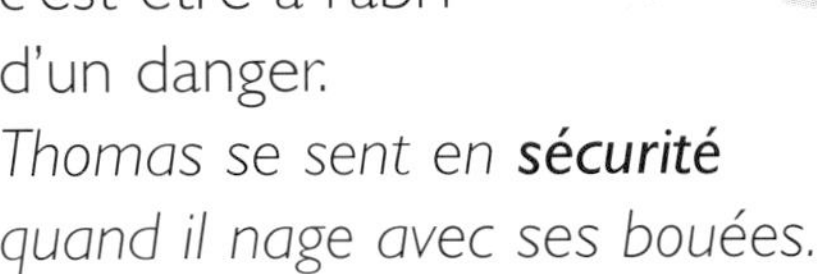

Être en sécurité, c'est être à l'abri d'un danger.
Thomas se sent en ***sécurité*** *quand il nage avec ses bouées.*

sel

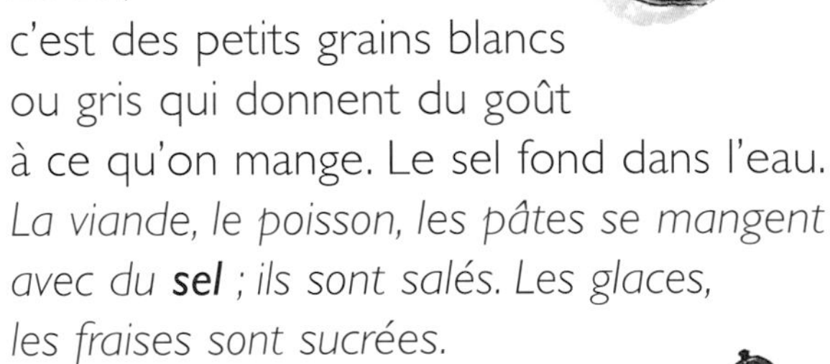

Le sel, c'est des petits grains blancs ou gris qui donnent du goût à ce qu'on mange. Le sel fond dans l'eau.
La viande, le poisson, les pâtes se mangent avec du ***sel*** *; ils sont salés. Les glaces, les fraises sont sucrées.*

selle

Une selle sert à s'asseoir.
Le cavalier s'assied sur la ***selle*** *de son cheval, le cycliste s'assied sur la* ***selle*** *de son vélo.*

semaine

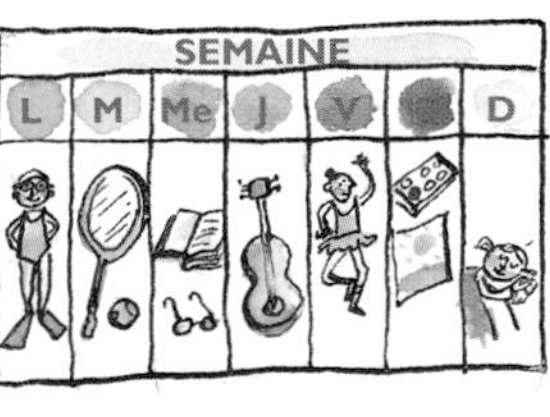

La semaine est une mesure du temps.
Les sept jours de la ***semaine*** *sont lundi, mardi, mercredi, jeudi, vendredi, samedi et dimanche.*

A B C D E F G H I J K L M N O P Q R S T U V W X Y Z

semblant

Faire semblant, c'est essayer de faire croire.
*Jeanne joue à la Belle au bois dormant ; elle fait **semblant** de dormir !*

sembler

Sembler, c'est avoir l'air, mais on ne sait pas si c'est vrai.
*Toutes les lumières sont éteintes, la maison **semble** vide.*

semelle

La semelle, c'est ce qui est au-dessous d'une chaussure.
*Les **semelles** des baskets sont souples et épaisses.*

semer

Semer, c'est mettre des graines dans la terre pour les faire pousser.
*Les enfants **sèment** des graines de radis dans le jardin de l'école.*

semoule

La semoule est faite avec du blé ou du maïs, écrasés en petits grains.
*Le couscous est fait avec de la **semoule** de blé.*

sens

1. Le sens, c'est le côté vers lequel on va.
*Les voitures tournent autour du rond-point dans le **sens** inverse des aiguilles d'une montre.*
2. C'est aussi ce qu'un mot veut dire.
*Les enfants cherchent dans le dictionnaire le **sens** du mot* « semoule ».

sentier

Un sentier est un très petit chemin.
*Les enfants ont pris un **sentier** à travers bois pour se promener.*

sentir

1. Sentir, c'est respirer l'odeur de quelque chose.
*En arrivant chez elle, Béatrice a **senti** une bonne odeur de gâteau au chocolat.*
2. C'est aussi avoir une odeur.
*Le muguet **sent** bon.*
3. C'est aussi deviner quelque chose avec son cœur ou avec sa tête.
*Alice **sent** qu'elle va bien s'amuser pendant ses vacances.*

séparer

1. Séparer, c'est éloigner deux choses ou deux personnes.
*Jeanne et Bastien se sont battus ; la maîtresse les a **séparés**.*
2. Se séparer, c'est se quitter.
*Thérèse s'est **séparée** de sa maman, pendant une semaine, pour aller chez sa grand-mère.*

serpent

Un serpent est un animal au corps long et sans pattes ; il se déplace en rampant.
*Le cobra, la vipère, la couleuvre, le boa, le python… sont des **serpents**.*

serrer

1. Serrer, c'est tenir fort.
*Martine **serre** sa poupée dans ses bras.*
2. C'est aussi ne pas laisser assez de place.
*Josette a un pantalon qui la **serre** ; elle a du mal à bouger.*

servir

1. Servir, c'est être utile à quelque chose.
*Un couteau **sert** à couper la viande.*
2. C'est aussi remplir les assiettes de nourriture.
*Valérie **sert** de la purée aux enfants.*

seul, seule

1. Être seul, c'est être sans personne qui vous parle ou qui vous aide.
*Alice sait s'habiller toute **seule**.*
2. Un seul, c'est un et pas plus.
*Anton a un **seul** bonbon dans sa poche.*

sévère

Être sévère, c'est gronder et punir facilement.
Le père de Louise est très ***sévère****.*

sexe

Le sexe, c'est ce qui fait la différence entre un garçon et une fille, entre un mâle et une femelle.
Un garçon est du ***sexe*** *masculin, une fille est du* ***sexe*** *féminin.*

siège

Un siège est un meuble pour s'asseoir.
Un tabouret, une chaise, un fauteuil, un banc, un canapé… sont des ***sièges****.*

siffler

Siffler, c'est faire un son avec l'air qui passe entre les lèvres, ou souffler dans un sifflet.
L'arbitre ***siffle*** *la fin du match.*

signal, signaux

Un signal est une lumière, un geste, un bruit faits pour prévenir de quelque chose.
Le chef de gare a sifflé pour donner le ***signal*** *du départ.*

signe

1. Un signe est un petit geste pour se faire comprendre, sans parler.
La maîtresse fait ***signe*** *aux enfants qu'ils doivent se taire.*
2. C'est aussi un petit dessin qui veut dire quelque chose.
Le ***signe*** *+ veut dire « plus ».*

signer

Signer, c'est écrire son nom d'une manière spéciale, toujours de la même façon.
Zoé ***signe*** *la lettre qu'elle a écrite à son grand-père.*

silence

Le silence, c'est quand il n'y a aucun bruit.
Noémie va chanter une chanson. La maîtresse demande le ***silence****.*

silhouette

La silhouette, c'est quelque chose dont on n'aperçoit que la forme extérieure.
Nadia est cachée derrière le rideau.
On voit sa **silhouette** *à travers le tissu.*

simple

Ce qui est simple est facile et n'est pas compliqué.

Quand quelque chose est **simple**, *on comprend tout de suite.*

singe

Le singe est l'animal qui ressemble le plus à l'homme ; il peut se mettre debout et prendre un objet avec ses mains ou avec ses pieds.
Le ouistiti, le babouin, le gorille, le chimpanzé… sont des **singes**.

sirène

1. Une sirène est un personnage de conte de fées ; c'est une femme avec une queue de poisson.
La Petite **Sirène** *a essayé de devenir une femme parce qu'elle aimait le prince.*
2. C'est aussi un signal très fort qui dit aux automobilistes de se mettre sur le côté.
« Pin-pon-pin, pin-pon-pin ! » : c'est la **sirène** *des pompiers !*

sirop

1. Le sirop est un liquide épais et très sucré.
On boit les **sirops** *de fruits avec de l'eau.*
2. C'est aussi un médicament.
Muriel tousse ; son papa lui donne du **sirop** *contre la toux.*

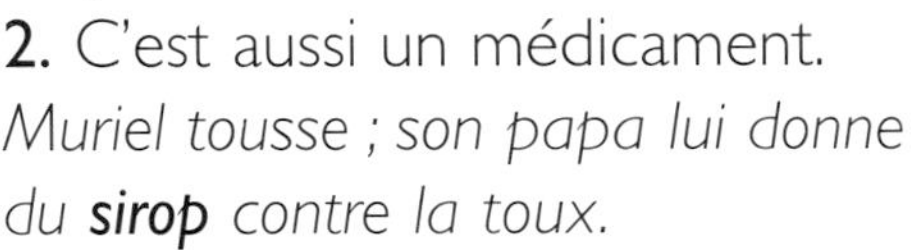

soigner

Soigner, c'est essayer de guérir une personne blessée ou malade.
Les médecins **soignent** *les malades avec des médicaments.*

soir

Le soir est la fin du jour.
*Quand le **soir** tombe, on allume les lumières.*

soirée

La soirée, c'est entre le coucher du soleil et le moment d'aller au lit.

*Les enfants ont passé la **soirée** à la fête du village.*

sol

1. Le sol, c'est la terre.
*Les racines des plantes sont dans le **sol**.*
2. C'est aussi là où l'on marche, c'est par terre.
*Thomas aime marcher pieds nus sur le **sol** de la cuisine.*

soldat

Un soldat est un homme qui fait partie d'une armée.
*Pendant les guerres, les **soldats** défendent leur pays.*

soleil

Le Soleil éclaire et chauffe la Terre.
*La Terre tourne autour du **Soleil**.*

solide

Une chose solide est dure ; elle ne se casse pas facilement et elle s'use lentement.
*Léo a fait tomber son jouet par terre et il ne s'est pas cassé. C'est un jouet **solide**.*

solution

La solution, c'est la réponse à un problème.
*Joseph a oublié ses clés. Il a trouvé une **solution** pour rentrer chez lui : il est passé par la fenêtre !*

sombre

1. Ce qui est sombre manque de lumière.
*Il fait **sombre** quand le temps est gris ou quand la nuit approche.*

2. C'est aussi ce qui n'est pas clair, mais foncé.
*Le noir, le marron sont des couleurs **sombres**.*

sommeil

1. Le sommeil, c'est l'envie de dormir.
*Quand Marcus a **sommeil**, ses yeux se ferment tout seuls.*

2. C'est aussi la manière dont on dort.
*Valérie a le **sommeil** léger : elle se réveille facilement.*

sommet

Le sommet, c'est le haut de quelque chose, c'est tout en haut.
*Du **sommet** de la tour, on voit un très beau paysage.*

somnambule

Être somnambule, c'est parler et marcher en dormant.
*En classe verte, il y avait un garçon qui était **somnambule**.*

son

Un son, c'est le bruit de quelque chose.
*Les cloches de l'église ont un **son** très fort. Les cloches des vaches ont un **son** plus doux.*

sonner

Sonner, c'est faire entendre un son.
*Quand le réveil **sonne**, il faut se lever !*

sorcier, sorcière

Les sorciers et les sorcières sont des personnages de conte de fées qui font souvent du mal.
*Certaines **sorcières** volent sur des balais.*

sorte

1. Une sorte d'objet, ce n'est pas tout à fait cet objet mais c'est un objet qui lui ressemble.
*Un oreiller est une **sorte** de coussin.*
2. C'est aussi un type, une espèce.
*La maîtresse demande quelle **sorte** d'animal est la poule. Les enfants répondent que c'est un oiseau.*

---

sortie

1. La sortie, c'est l'endroit par où l'on sort.
*Dans les gares et les aéroports, des panneaux indiquent la **sortie**.*
2. C'est aussi le moment où l'on sort.
*À l'heure de la **sortie**, les parents attendent les enfants devant l'école.*

---

sortir

Sortir, c'est aller dehors ou quitter l'endroit où l'on est.
*Les enfants **sortent** de l'école en se tenant par la main.*

---

souci

Un souci, c'est un problème, une pensée qui inquiète.
*Charlotte a un **souci** : sa copine ne veut plus jouer avec elle.*

souffler

1. Souffler, c'est faire sortir l'air qui est dans sa poitrine.
*Kévin **souffle** dans le ballon pour le gonfler.*
2. C'est aussi se déplacer, en parlant du vent.
*Quand le vent **souffle** fort, les chapeaux peuvent s'envoler.*

---

souffrir

Souffrir, c'est avoir très mal.
*Michel s'est blessé en tombant sur les rochers ; il **souffre** beaucoup.*

---

souhait

Un souhait, c'est ce qu'on voudrait qu'il arrive.
*La fée dit à la jeune fille de faire trois **souhaits**.*

soulever

Soulever, c'est lever et tenir en l'air.
*Jean **soulève** Thomas pour qu'il puisse voir par-dessus le mur.*

soupirer

Soupirer, c'est pousser des soupirs, c'est-à-dire respirer fort.
*On **soupire** pour montrer qu'on est fatigué, qu'on n'est pas content ou qu'on s'ennuie.*

souple

Être souple, c'est se plier facilement.
*Malika est très **souple** : elle peut se plier en arrière.*

source

Une source, c'est de l'eau qui sort de terre.
*La **source** d'une rivière, c'est là où la rivière commence.*

souris

Une souris est un petit animal gris, parfois blanc, qui ronge ce qu'il mange.
*Les chats courent après les **souris** pour les manger.*

sous

« Sous » veut dire « plus bas », « au-dessous ».
*Le chat s'est caché **sous** la table.*

sous-marin

Un sous-marin est un bateau qui peut aller sous l'eau.
*Quand un **sous-marin** remonte du fond de l'eau, on dit qu'il fait surface.*

souterrain

Un souterrain est un passage creusé sous la terre.
*Autrefois, beaucoup de châteaux avaient des **souterrains** ; ils permettaient à leurs habitants de fuir en cas de danger.*

se souvenir

Se souvenir, c'est garder en mémoire.
*Clara **se souvient** de son dernier Noël. Elle n'a pas oublié les cadeaux qu'elle a eus.*

souvent

« Souvent » veut dire « un grand nombre de fois ».
*En hiver, il fait **souvent** froid.*

spécial, spéciale

1. Ce qui est spécial est fait exprès pour faire quelque chose.
*Tom a un appareil **spécial** pour prendre des photos dans l'eau.*
2. C'est aussi ce qui n'est pas habituel.
*Noël est un jour **spécial**.*

spectacle

Un spectacle est quelque chose qui est fait pour être regardé.
*Le cirque, le théâtre sont des **spectacles**.*

sport

Le sport est un exercice que l'on fait avec son corps.
*Le saut, la course, la natation, le vélo, le ski sont des **sports**.*

square

Un square est un petit parc en ville, avec des bancs et des jeux pour les enfants.
*Dans les **squares**, il y a souvent des bacs à sable.*

squelette

Le squelette, c'est tous les os d'un corps.
*En se promenant dans la campagne, Pierre a trouvé un **squelette** d'oiseau.*

statue

Une statue est un personnage ou un animal faits en pierre, en bois ou en métal.
*Il y a souvent des **statues** dans les parcs des châteaux.*

les **sports**

football
boxe
escrime
tennis
ski
rugby
saut
à la perche
gymnastique
judo
basket-ball
patinage artistique
natation

stupéfait, stupéfaite

Être stupéfait, c'est être vraiment très étonné.
Les baigneurs ont vu un phoque sur la plage. Ils sont ***stupéfaits****.*

sucer

1. Sucer, c'est faire fondre quelque chose dans la bouche.
Thomas ***suce*** *un bonbon.*
2. C'est aussi garder quelque chose dans sa bouche en le tétant.
Souvent, les bébés ***sucent*** *leur pouce ou une tétine.*

sucre

Le sucre donne un goût très doux à ce qu'on mange et à ce qu'on boit.
Le ***sucre*** *vient de la betterave à* ***sucre*** *ou d'une plante des pays chauds, la canne à* ***sucre****.*

suite

La suite, c'est ce qui vient après.
La maîtresse n'a pas terminé de lire l'histoire ; elle lira la ***suite*** *après la récréation.*

suivre

1. Suivre, c'est venir derrière.
Les enfants ***suivent*** *le moniteur.*
2. C'est aussi venir après.
L'été est la saison qui ***suit*** *le printemps.*
3. C'est aussi aller le long de quelque chose.
Le sentier ***suit*** *la rivière.*

sur

1. Sur veut dire « au-dessus de ».
La voiture passe ***sur*** *le pont.*
2. Sur veut dire « à la surface de ».
Salomé a une tache ***sur*** *son pantalon.*
3. Sur veut dire « à propos de », « qui parle de ».
Martine aime les films ***sur*** *les animaux.*

sûr, sûre

Une personne est sûre de quelque chose quand elle croit que ce qu'elle dit est vrai.
Kevin est ***sûr*** *d'avoir vu un dauphin dans la mer.*

surface

1. La surface, c'est la partie au-dessus, celle que l'on voit.
*Le sous-marin est remonté à la **surface** de l'eau.*
2. C'est aussi la taille d'un terrain.
*La **surface** du jardin n'est pas très grande.*

surgelé, surgelée

Ce qui est surgelé a été congelé très vite ; on le garde dans un endroit très froid.
*Les produits **surgelés** se conservent dans un congélateur.*

surprise

1. Une surprise, c'est quelque chose que l'on n'attendait pas.
*Les enfants ont préparé une **surprise** : ils ont rangé leur chambre !*
2. C'est aussi un cadeau que l'on ne connaît pas à l'avance.
*Pour la fête des Mères, les enfants ont offert une **surprise** à leur maman.*

sursauter

Sursauter, c'est faire un mouvement sans le faire exprès, parce qu'on a eu peur.
*La porte a claqué ; le chat a **sursauté**.*

surveiller

Surveiller, c'est regarder en faisant très attention à ce qui se passe.
*Charlotte **surveille** sa petite sœur : elle fait attention qu'elle ne sorte pas de la chambre.*

sympathique

Une personne sympathique est agréable ; on a envie de la connaître.
*La maman d'Augustin trouve la maîtresse très **sympathique**.*

tabac

Le tabac est une plante ;
on fabrique les cigares et les cigarettes avec ses feuilles séchées.
*Roger a mis du **tabac** dans sa pipe.*

—

tableau

1. Un tableau, c'est un grand panneau pour écrire.
*Le maître a dessiné des ronds et des carrés sur le **tableau**.*
2. C'est aussi une peinture faite par un artiste.
*À l'école, les murs sont décorés avec des **tableaux**.*

tache

1. Une tache, c'est une trace sale laissée par quelque chose.
*Thomas a fait une grosse **tache** de feutre sur son pull.*
2. C'est aussi une marque qu'on a sur le corps.
*Julie a des **taches** de rousseur sur les bras et sur le visage.*

—

taille

1. La taille, c'est la grandeur de quelque chose ou de quelqu'un.
*Léa et Thomas sont de la même **taille**.*
2. C'est aussi un endroit du corps, presque au milieu du corps.
*Dans le petit bain de la piscine, Farid a de l'eau jusqu'à la **taille**.*

—

tailler

Tailler, c'est couper pour donner une forme.
*Au printemps, les jardiniers du square **taillent** les arbres et les arbustes.*

se taire

Se taire, c'est arrêter de parler.
Les enfants se ***taisent*** *pour écouter l'oiseau chanter.*

---

tambour

Un tambour est un instrument de musique que l'on frappe avec des baguettes.
Maxime joue du ***tambour*** *dans l'orchestre de son village.*

---

tante

La tante est la sœur du père ou de la mère.
La sœur du papa de Lucas est la ***tante*** *de Lucas.*

taper

Taper, c'est donner des coups.
Le menuisier ***tape*** *sur le clou avec un marteau.*

---

tard

1. Tard, c'est quand la journée est presque finie.
Les parents de Léo aimeraient se coucher tôt, mais Léo préfère se coucher ***tard****.*

2. C'est aussi après l'heure habituelle.
Pendant les vacances, Clara et Alice se lèvent ***tard****.*

3. « À plus tard » veut dire « à un autre moment ».
Quand elle part au travail, la maman de Julien dit : « Au revoir, à plus ***tard*** *! »*

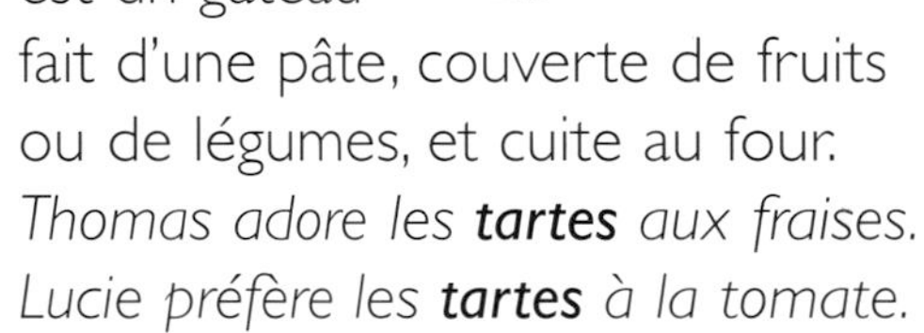

tarte

Une tarte est un gâteau fait d'une pâte, couverte de fruits ou de légumes, et cuite au four.
Thomas adore les ***tartes*** *aux fraises.*
Lucie préfère les ***tartes*** *à la tomate.*

---

tas

Un tas, c'est plein de choses mises ensemble, les unes sur les autres.
À l'automne, les jardiniers ramassent les feuilles mortes et ils les mettent en ***tas****.*

---

tâter

Tâter, c'est toucher avec la main pour sentir.
Adèle ***tâte*** *la pêche pour savoir si elle est mûre.*

taureau

Le taureau est le mâle de la vache.
*On élève les **taureaux** pour qu'ils fassent des petits aux vaches.*

téléphérique

Un téléphérique est une sorte de cabine accrochée à de gros fils de métal ; il transporte des personnes en haut des montagnes.
*Les skieurs prennent le **téléphérique** pour arriver sur les pistes.*

température

1. La température est la mesure de la chaleur ou du froid.
*On lit la **température** sur un thermomètre.*
2. C'est aussi la mesure de la chaleur du corps.
*La **température** normale du corps est de 37 °C ; si on a plus, on dit qu'on a de la **température**, c'est-à-dire de la fièvre.*

tempête

La tempête est un vent violent, avec souvent de la pluie et parfois de l'orage.
*Quand il y a de la **tempête**, les bateaux ne sortent pas en mer.*

temps

1. Le temps, ce sont les minutes, les heures, les jours qui passent.
*Les pendules, les montres servent à mesurer le **temps**.*
2. C'est aussi le temps qu'il fait, c'est-à-dire s'il fait beau ou s'il ne fait pas beau.
*Les enfants ont eu beau **temps** et mauvais **temps** pendant leurs vacances.*

tendre

1. Être tendre, c'est être doux et affectueux, c'est aimer les câlins.
*Mathieu est un enfant très **tendre**.*
2. C'est aussi être mou et facile à mâcher.
*Le bifteck est bon quand il est **tendre**.*

---

tendre

1. Tendre, c'est tirer sur quelque chose.
*Les enfants ont **tendu** un filet entre deux poteaux pour jouer au tennis.*
2. C'est aussi avancer la main, ou avancer quelque chose avec la main.
*Léa **tend** la main pour avoir un bonbon.*

---

tenir

1. Tenir, c'est serrer dans sa main, dans ses bras.
*Noémie **tient** sa poupée contre elle.*
2. C'est aussi être solide, bien accroché.
*Quand un tableau **tient** bien au mur, il ne risque pas de tomber.*
3. C'est aussi réussir à garder la même position.
*Le bébé **tient** debout tout seul, il sait presque marcher.*

tente

Une tente est une petite maison de toile.
*Les campeurs montent leur **tente** près du lac.*

terminer

Terminer, c'est finir.
*Les enfants ont **terminé** leur dessin ; ils le montrent à la maîtresse.*

---

terrain

Un terrain est un morceau de terre.
*Derrière l'école de Julie, il y a un **terrain** de football.*

terre

1. La Terre est notre planète, c'est le monde.
*La **Terre** est ronde. Elle tourne sur elle-même, chaque jour. Elle tourne autour du Soleil en un an.*
2. C'est aussi la matière qui fait le sol.
*Les carottes, les radis, les pommes de terre poussent dans la **terre**.*
3. Par terre, c'est sur le sol.
*Les enfants se sont assis par **terre** pour écouter une histoire.*

terrible

1. Être terrible, c'est être très fort.
Il y a parfois de ***terribles*** *tempêtes sur la mer.*
2. C'est aussi faire peur.
La bombe atomique est une arme ***terrible****.*
3. C'est aussi être insupportable.
Frédéric est un enfant ***terrible****.*

terrier

Un terrier est un trou creusé dans la terre par un animal sauvage pour y vivre.
Le renard, le lièvre vivent dans des ***terriers****.*

têtard

Un têtard est un minuscule animal qui vit dans les mares ; il a une grosse tête et une queue.
Au bout de quatre mois de vie, le ***têtard*** *devient une grenouille.*

téter

Téter, c'est boire le lait d'un biberon, du sein ou de la mamelle de sa mère.
Les bébés, les veaux, les agneaux ***tètent*** *leur mère.*

thé

Le thé est une boisson.
On fait le ***thé*** *avec les feuilles séchées d'un arbuste des pays chauds.*

thermomètre

Un thermomètre est un instrument qui sert à mesurer la température.
Certains ***thermomètres*** *donnent la température de l'air, d'autres* ***thermomètres*** *prennent la température du corps.*

tiède

Ce qui est tiède n'est ni chaud ni froid.
L'eau du bain d'Angèle n'est pas assez chaude, elle est ***tiède****.*

tige

La tige est la partie de la plante sur laquelle poussent les feuilles et les fleurs.
La ***tige*** *des roses a des épines.*

tigre

Un tigre est un gros animal qui a un pelage roux rayé de noir.
*Le **tigre** chasse pendant la nuit ; il vit en Asie.*

---

tirer

1. Tirer, c'est traîner derrière soi ou faire venir vers soi.
*Zoé **tire** les cheveux de son petit frère.*
2. C'est aussi faire feu avec une arme ou lancer une flèche.
*Jonathan fait semblant de **tirer** sur Clément avec son pistolet.*
3. C'est aussi faire sortir de quelque part.
*Le magicien a **tiré** un lapin de son chapeau.*

---

tissu

Le tissu est fait avec des fils tissés, c'est-à-dire croisés les uns sur les autres.
*On fait du **tissu** avec des fils de coton, de laine ou de soie.*

---

titre

Le titre, c'est le nom que l'auteur a donné à son livre, à sa chanson ou à son film.
*« Le Petit Chaperon rouge » est le **titre** d'un conte très connu de Charles Perrault.*

toile

1. La toile est une sorte de tissu.
*La **toile** des blousons en jean est très solide.*
2. Une toile d'araignée est un piège, fait par l'araignée, pour attraper les petits insectes qu'elle mange.
*L'araignée tisse sa **toile**.*

---

toit

Le toit est ce qui couvre une maison.
*Il y a des **toits** de tuile et des **toits** d'ardoise.*

---

tomate

Une tomate est une plante dont on mange les fruits. Les tomates sont rouges quand elles sont mûres.
*On mange les **tomates** crues ou cuites.*

---

tombe

Une tombe, c'est l'endroit où un mort est enterré.
*Le cimetière est l'endroit où se trouvent les **tombes**.*

tomber

1. Tomber, c'est se retrouver brusquement par terre.
*Alex est **tombé** de son vélo.*
2. C'est aussi descendre du ciel vers le sol.
*En hiver, il **tombe** parfois de la neige.*
3. Tomber malade, c'est devenir malade tout à coup.
*Olivier n'a pas de chance : il est **tombé** malade le premier jour des vacances.*

tondeuse

Une tondeuse, c'est une machine pour tondre l'herbe, pour la couper court.
*Robert passe la **tondeuse** sur la pelouse.*

tonnerre

Le tonnerre, c'est le bruit de l'orage.
*Quand on entend le **tonnerre** juste après un éclair, c'est que l'orage est tout près.*

tordre

1. Tordre, c'est prendre les deux bouts de quelque chose et les tourner en sens contraire.
*Marie **tord** son maillot de bain pour enlever l'eau.*

2. C'est aussi déformer quelque chose.
*La voiture a **tordu** la roue du vélo d'Éric.*
3. Se tordre le pied, c'est se faire mal à la cheville.
*Charles s'est **tordu** le pied en sautant.*

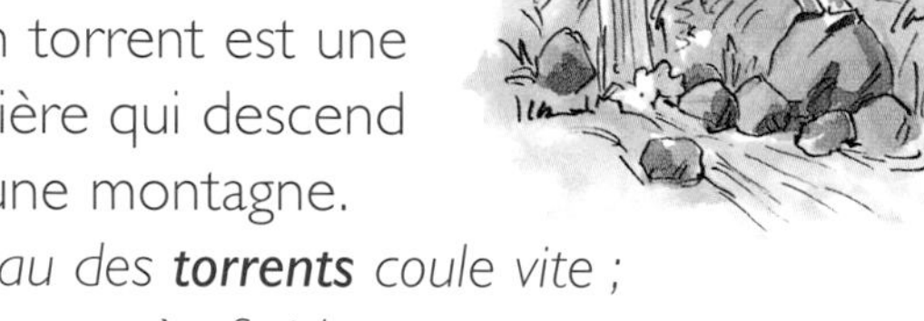

torrent

Un torrent est une rivière qui descend d'une montagne.
*L'eau des **torrents** coule vite ; elle est très froide.*

tortue

Une tortue est un animal qui a des pattes courtes et qui marche très lentement.
*Le corps de la **tortue** est protégé par une enveloppe très dure qui s'appelle une carapace.*

tôt

1. Tôt, c'est quand la journée vient juste de commencer.
*Les coqs se réveillent très **tôt**.*
2. C'est aussi avant l'heure habituelle ou avant l'heure prévue.
*Marc est arrivé trop **tôt** à l'école ; la porte était encore fermée.*

touche

Une touche,
c'est chaque endroit
d'un clavier
où l'on pose les doigts.
*Sur les **touches** des ordinateurs, il y a des chiffres, des lettres et d'autres signes.*

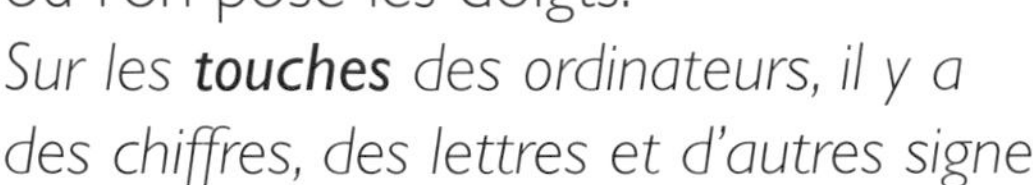

---

toucher

1. Toucher, c'est poser un doigt ou une main, sur une personne ou sur une chose.
*Dans les boulangeries, il ne faut pas **toucher** aux pains ni aux gâteaux.*
2. C'est aussi cogner quelque chose.
*Le bateau a **touché** un rocher.*
3. Se toucher, c'est être tout près l'un de l'autre.
*La maison de Brigitte et la maison de sa voisine se **touchent**.*

---

touffe

Une touffe, c'est un ensemble d'herbes ou de poils.
*Les enfants arrachent des **touffes** de mauvaises herbes.*

toujours

1. « Toujours » veut dire « tout le temps ».
*Léa veut **toujours** s'endormir avec son doudou.*
2. Cela veut dire aussi « encore maintenant ».
*Samuel n'a pas changé d'idée : il veut **toujours** un camion de pompiers pour Noël.*

---

tour

Une tour est une construction haute et pas très large.
*Dans les châteaux forts, il y a des **tours** en pierre.*

---

tour

1. Faire le tour, c'est tourner en revenant à son point de départ.
*Les enfants font le **tour** de la cour de récréation, en courant.*
2. Faire un tour, c'est faire une petite promenade.
*Charlotte part faire un **tour** près de la rivière.*
3. Chacun son tour, c'est l'un après l'autre.
*Dans la cour de l'école, les enfants montent sur la balançoire, chacun leur **tour**.*

4. Jouer un tour à quelqu'un, c'est lui faire une farce.
*Lucas a joué un **tour** à sa maman : il lui a caché son manteau.*

A B C D E F G H I J K L M N O P Q R S T U V W X Y Z

A B C D E F G H I J K L M N O P Q R S Tt U V W X Y Z

tournant

Un tournant, c'est l'endroit où la route tourne.

*Quand on conduit une voiture, on doit ralentir dans les **tournants**.*

tourner

1. Tourner, c'est se déplacer en rond.
*Le manège **tourne** vite.*
2. C'est aussi se diriger dans un autre sens.
*Paul a **tourné** la tête au moment où son papa prenait une photo.*

tournevis

Un tournevis est un outil qui sert à enfoncer les vis.

*Le menuisier visse et dévisse les vis avec son **tournevis**.*

---

tout, toute, tous, toutes

1. Tout, c'est l'ensemble, le groupe en entier.
***Toute** la famille d'Arthur est allée en vacances à la campagne.*

2. C'est aussi chacun, sans en oublier un.
*À l'école, **tous** les enfants ont eu un œuf en chocolat.*
3. Tout, c'est toutes les choses.
*Même les grandes personnes ne savent pas **tout**.*
4. Tout veut dire aussi très.
*Noémie est **toute** petite, c'est encore un bébé.*

tracer

Tracer, c'est dessiner une ligne ou un signe.

*Le maître **trace** un cercle au tableau.*

---

train

Un train, c'est des wagons tirés par une locomotive.

*Le TGV est un **train** à grande vitesse ; il roule sur des rails spéciaux.*

traîneau

Un traîneau est un véhicule qui glisse sur la neige.

*Le **traîneau** du Père Noël est tiré par des rennes.*

traîner

1. Traîner, c'est marcher très lentement.
*Quand elle est fatiguée, Camille **traîne** en rentrant de l'école.*
2. C'est aussi rester en désordre sans être rangé.
*Jean a laissé **traîner** ses feutres sur la table du jardin.*
3. C'est aussi faire avancer quelque chose en le tirant derrière soi.
*Charlotte marche en **traînant** le berceau de sa poupée.*

traire

Traire, c'est tirer le lait des animaux.
*Pour **traire** une vache, on tire sur ses mamelles avec les mains ou avec une machine.*

trait

Un trait, c'est une ligne.
*Élise a tiré un **trait** avec sa règle, sur une page de son cahier.*

trajet

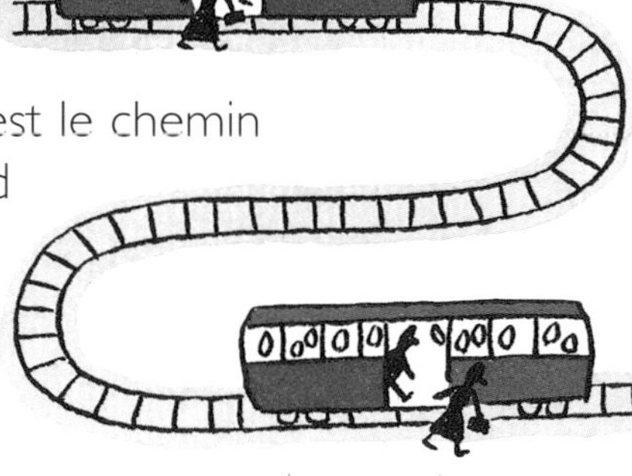

Le trajet, c'est le chemin qu'on prend pour aller d'un endroit à un autre.
*Beaucoup de gens ont un long **trajet** en métro pour aller à leur travail.*

tranche

Une tranche est un morceau mince qu'on a coupé.
*Pour faire un sandwich au jambon, il faut deux **tranches** de pain et une **tranche** de jambon.*

tranquille

1. Un endroit tranquille est calme et sans bruit.
*Adrien a trouvé un coin **tranquille** pour se reposer.*
2. Être tranquille, c'est ne pas remuer et être sage.
*Les enfants sont restés **tranquilles** pendant tout le voyage en car.*
3. C'est aussi ne pas s'inquiéter.
*Depuis que tous ses petits-enfants sont rentrés chez eux, Madame Dupuis est plus **tranquille**.*

transformer

Transformer, c'est changer,
c'est donner une autre forme.
*La fée **transforme** la citrouille en carrosse.*

---

transparent, transparente

Ce qui est transparent
permet de voir à travers.
*Les vitres des fenêtres sont **transparentes**.*

transpirer

Transpirer,
c'est être mouillé
par la sueur.
*Quand on fait un effort, quand on court, on a chaud et on **transpire**.*

transport

Le transport, c'est le déplacement
des personnes ou des choses.
*La voiture, le train, le car, l'avion sont des moyens de **transport**.*

transporter

Transporter, c'est porter d'un endroit
à un autre.
*Les trains **transportent** des personnes ou des marchandises.*

trapèze

Un trapèze est
une barre de bois
accrochée par
deux cordes.
*Sur la plage, il y a un portique avec un **trapèze** et des anneaux.*

---

travail, travaux

1. Le travail, c'est
ce qu'on a à faire.
*Alice a du **travail** ; elle doit lire une page de son livre de lecture.*
2. C'est aussi ce qu'on fait pour gagner
de l'argent.
*Le papa d'Alice est pompier ; il aime beaucoup son **travail**.*

travailler

1. Travailler, c'est faire quelque chose pour gagner sa vie.
La maman de Léa ***travaille*** *dans un cinéma.*
2. C'est aussi apprendre et faire des exercices à l'école.
Jennifer ***travaille*** *bien à l'école.*

traverser

1. Traverser, c'est passer d'un côté à l'autre.
Mathilde ***traverse*** *la rue.*
2. C'est aussi passer à travers.
Le chien est trempé, l'eau a ***traversé*** *son manteau.*

trèfle

1. Le trèfle est une petite plante qui pousse dans les champs.
Il a presque toujours trois feuilles.
Quand on trouve un ***trèfle*** *à quatre feuilles, on dit que cela porte bonheur.*
2. C'est aussi l'une des deux couleurs noires du jeu de cartes.
Le ***trèfle*** *de la carte à jouer a la forme de la plante.*

trembler

Trembler, c'est avoir le corps agité de petits mouvements, sans le vouloir.
On ***tremble*** *de froid ou de peur.*

tremper

1. Tremper, c'est mettre dans l'eau.
Julie ***trempe*** *ses pieds dans l'eau.*
2. C'est aussi mouiller complètement.
Sarah a marché sous la pluie ; elle est ***trempée*** *de la tête aux pieds !*

très

1. Très veut dire beaucoup.
Jules a ***très*** *envie d'une glace.*
2. Très veut dire aussi tout à fait, parfaitement.
Clémence est ***très*** *bien assise dans son fauteuil.*

trésor

Un trésor, c'est de l'or, de l'argent, des bijoux, des pierres précieuses qui ont été cachés dans un endroit secret.
Les enfants ont découvert un ***trésor****.*

triangle

Un triangle est une forme qui a trois côtés.
*Clara a dessiné un toit de maison qui a la forme d'un **triangle**.*

tricher

Tricher, c'est ne pas respecter la règle d'un jeu.
*Thierry regarde les cartes de ses amis : il **triche** !*

tricycle

Un tricycle est un vélo à trois roues.
*Les grands sont à vélo ; Thomas essaie de les suivre sur son **tricycle**.*

trier

1. Trier, c'est ne garder que ce que l'on veut et laisser le reste.
*Marine a **trié** ses feutres. Elle n'a gardé que ceux qui écrivaient encore.*
2. C'est aussi mettre ensemble ce qui se ressemble.
*Victor a **trié** ses jouets ; il a rangé toutes ses petites voitures ensemble.*

triste

Être triste, c'est être malheureux.
*Agnès est **triste** parce que son chat est mort.*

trompe

La trompe, c'est le long nez de l'éléphant.
*L'éléphant se sert de sa **trompe** pour se doucher, pour boire ou pour manger, et pour attraper des objets.*

se tromper

Se tromper, c'est croire une chose fausse ou faire une erreur.
*Hugo s'est **trompé** d'écharpe ; il a pris celle de Fabien.*

trompette

Une trompette est un instrument de musique dans lequel on souffle.
*Dans les fanfares, il y a très souvent des **trompettes**.*

tronc

1. Le tronc, c'est la partie de l'arbre qui est entre les racines et les branches.
*Le **tronc** des arbres est couvert d'écorce.*
2. C'est aussi le corps sans la tête, ni les jambes, ni les bras.
*La poupée de Léa est très abîmée, il ne reste que le **tronc**.*

trop

Trop, c'est plus qu'il ne faudrait.
*Les enfants font **trop** de bruit ; ils ont réveillé le bébé.*

trotter

1. Trotter, c'est aller au trot, en parlant du cheval.
*Le **trot** est plus rapide que le pas, mais moins rapide que le galop.*
2. C'est aussi marcher à petits pas rapides.
*La petite Léa **trotte** à côté de son papa.*

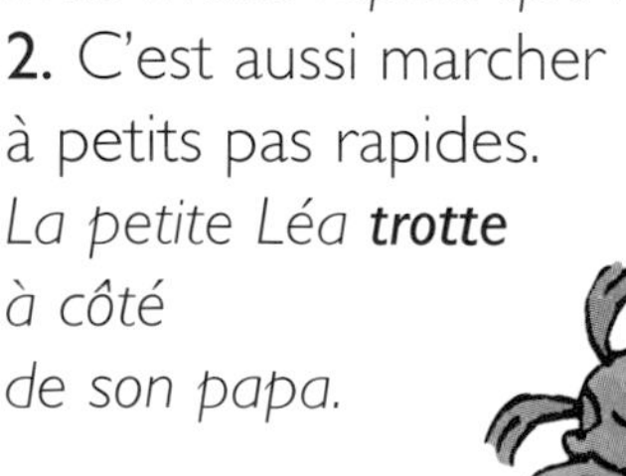

trou

1. Un trou est un espace vide.
*Marcus regarde par le **trou** de la serrure.*
2. C'est aussi un endroit qui est déchiré dans un habit.
*Il y a souvent des **trous** dans les chaussettes !*

troupeau

Un troupeau est un groupe de bêtes de la même espèce.
*Il y a des **troupeaux** de vaches, des **troupeaux** de moutons, des **troupeaux** de chèvres. Dans la savane, il y a des **troupeaux** de zèbres.*

trouver

1. Trouver, c'est avoir enfin ce que l'on cherchait.
*Juliette a **trouvé** la solution de la devinette.*
2. C'est aussi voir quelque chose qu'on ne s'attendait pas à voir.
*Chloé a **trouvé** un collier dans le sable.*
3. C'est aussi avoir son idée sur quelque chose ou sur quelqu'un.
*Jennifer **trouve** que Marion n'est pas gentille.*
4. Se trouver, c'est être à tel ou tel endroit.
*Jonathan demande à un policier où se **trouve** la gare.*

truite

Une truite est un poisson. Certaines truites vivent dans les rivières ; d'autres truites vivent dans la mer.
*Myriam a pêché une **truite** dans la rivière.*

tube

1. Un tube est rond, creux et allongé.
*Martine range ses dessins dans un **tube** en carton.*
2. C'est aussi un objet, qui se ferme avec un bouchon, dans lequel il y a un produit.
*Dans la salle de bains, le **tube** de dentifrice est à côté du lavabo.*

tuer

Tuer, c'est faire mourir.
*Gérard a **tué** un moustique.*

tuile

Les tuiles servent à couvrir les toits.
*Les **tuiles** sont faites en terre cuite.*

tulipe

Une tulipe est une fleur qu'on fait pousser, qu'on cultive.
*Les **tulipes** fleurissent surtout au printemps ; elles sont rouges, jaunes, blanches, violettes…*

tunnel

Un tunnel est une sorte de souterrain qui est creusé à travers la montagne, sous l'eau ou sous une route.
*Les **tunnels** servent à faire passer les voitures et les trains.*

tuyau

Un tuyau est un long tube dans lequel passent l'air ou les liquides.
*Les enfants se sont arrosés avec le **tuyau** d'arrosage.*

U u

uniforme

Un uniforme est un habit que certaines personnes portent dans leur travail.
Les soldats, les policiers, les facteurs portent un ***uniforme****.*

---

univers

L'Univers, c'est tout ce qui existe, c'est la Terre, les étoiles, toutes les planètes…
*L'****Univers*** *existe depuis très, très longtemps.*

---

urgent, urgente

Ce qui est urgent est extrêmement pressé.
Charlotte a beaucoup de fièvre ; il est ***urgent*** *de lui donner un médicament.*

usé, usée

Une chose usée est une chose abîmée parce qu'elle a beaucoup servi.
Quand les piles d'un appareil sont ***usées****, il faut les changer.*

---

usine

Une usine est un bâtiment où des ouvriers fabriquent des produits avec des machines.
Dans les usines, beaucoup de machines sont des robots.

---

utile

Ce qui est utile rend service.
Les hiboux sont des oiseaux ***utiles*** *car ils mangent les souris et les rats.*

---

utiliser

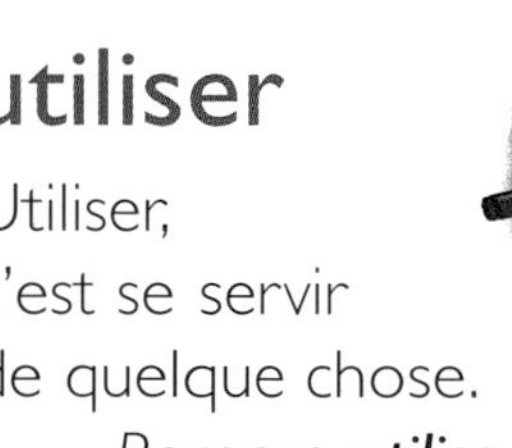

Utiliser, c'est se servir de quelque chose.
Romane ***utilise*** *des feutres pour dessiner.*

V v

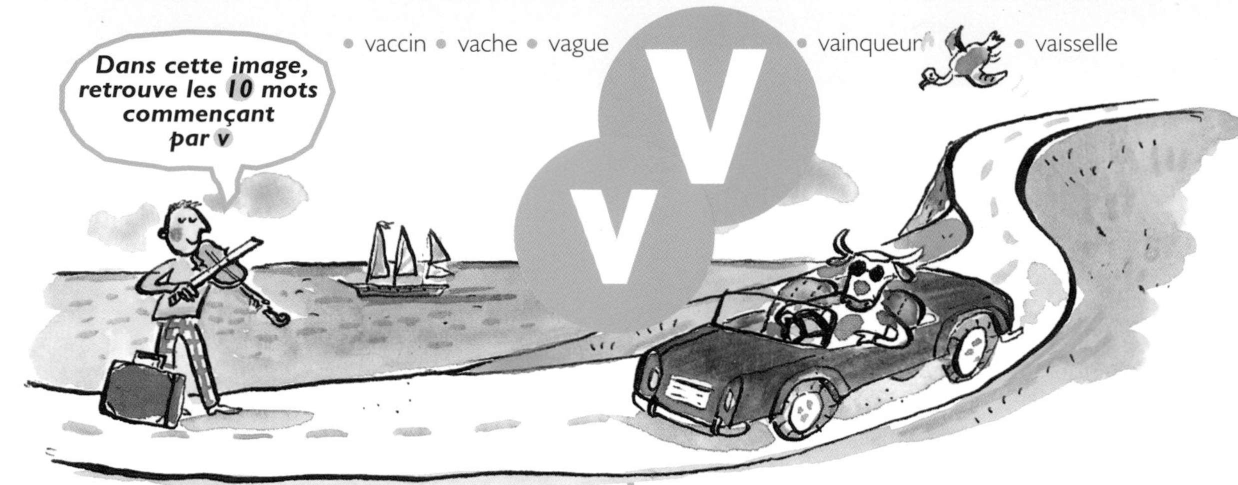

vaccin

Un vaccin est un produit qu'on fait entrer dans le corps pour protéger contre certaines maladies graves.
Il y a beaucoup moins de maladies depuis que des savants ont découvert les ***vaccins****.*

vache

La vache est un animal qui mange de l'herbe et qui donne du lait ; elle a des cornes.
La ***vache*** *meugle ; son mâle est le taureau, leur petit est le veau.*

vague

La vague est le mouvement de l'eau remuée par le vent.
Quand il y a de la tempête, les ***vagues*** *sont parfois aussi hautes que les maisons.*

vainqueur

Le vainqueur, c'est celui qui gagne.
Lucien est le ***vainqueur*** *de la course.*

vaisselle

1. La vaisselle, c'est les objets dans lesquels on mange.
Les assiettes, les plats, les tasses, les bols sont de la ***vaisselle****.*
2. Faire la vaisselle, c'est la laver.
Beaucoup de gens ont une machine à laver la ***vaisselle****.*

vallée

Une vallée, c'est un terrain creusé par une rivière entre deux collines ou entre deux montagnes.

Du haut de la montagne, on voit les lumières de la ***vallée****.*

valoir

Valoir, c'est coûter un certain prix.

Un pain au chocolat ***vaut*** *environ 5 francs.*

vapeur

La vapeur, c'est de très fines gouttelettes d'eau qui flottent dans l'air.

Quand l'eau bout, elle produit de la ***vapeur****.*

vautour

Un vautour est un très grand oiseau qui a un bec crochu. Sa tête et son cou n'ont pas de plumes.

Les ***vautours*** *se nourrissent d'animaux déjà morts.*

véhicule

Un véhicule est un moyen de transport.

Le camion, la voiture, l'avion, le paquebot, le train sont des ***véhicules****.*

vendange

La vendange, c'est le moment de la récolte du raisin, c'est-à-dire le moment où on cueille le raisin.

Les ***vendanges*** *se font à l'automne.*

vendre

Vendre, c'est donner quelque chose contre de l'argent.

Un fleuriste ***vend*** *des fleurs ; un boucher* ***vend*** *de la viande.*

A B C D E F G H I J K L M N O P Q R S T U V W X Y Z

venir

1. Venir, c'est aller à l'endroit où est la personne qui parle.
La maîtresse dit aux enfants que leurs parents vont bientôt ***venir*** *les chercher.*
2. C'est aussi arriver d'un endroit.
Yasmina ***vient*** *d'Algérie.*
3. Venir de faire une chose, c'est l'avoir faite juste à l'instant d'avant.
Le train ***vient*** *de partir ;*
Clément est arrivé trop tard pour le prendre.

vent

Le vent, c'est de l'air qui bouge.
Le ***vent*** *gonfle la voile du bateau et il le fait avancer.*

ventilateur

Un ventilateur est un appareil qui fait du vent, pour donner de l'air frais.
Les ailes du ***ventilateur*** *agitent l'air en tournant vite.*

ver

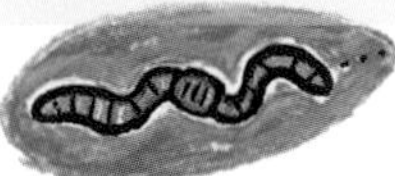

Un ver est un petit animal qui a un corps tout mou et qui n'a pas de pattes.
Le ***ver*** *avance en rampant.*

vérité

La vérité, c'est ce qui est vrai, ce qui est exact, ce qui s'est vraiment passé.
Jean a dit à son papa qu'il avait cassé le vase ; il lui a dit la ***vérité***.

vernis

Le vernis est un produit qui rend lisse et brillant.
Géraldine s'est mis du ***vernis*** *à ongles rouge.*

verre

1. Le verre est une matière transparente qui est dure et cassante.
On fabrique le ***verre*** *avec du sable.*
2. C'est aussi l'objet qu'on utilise pour boire.
Il y a des ***verres*** *à eau, des* ***verres*** *à vin, des* ***verres*** *à champagne…*

vers

1. « Vers » veut dire « en direction de ».
*La voiture roule **vers** la gare.*
2. « Vers » veut dire aussi « à peu près à ».
*Les enfants prennent leur goûter **vers** cinq heures.*

verser

Verser, c'est mettre un liquide dans quelque chose.
*Gabrielle **verse** du jus d'orange dans son verre.*

vêtement

Un vêtement est en tissu, il sert à s'habiller, à avoir chaud, à se couvrir.
*Les pantalons, les chemises, les robes, les jupes, les manteaux sont des **vêtements**.*

vétérinaire

Un vétérinaire est un médecin qui soigne les animaux.
*La chatte d'Agnès est malade, le **vétérinaire** la soigne.*

les **vêtements**

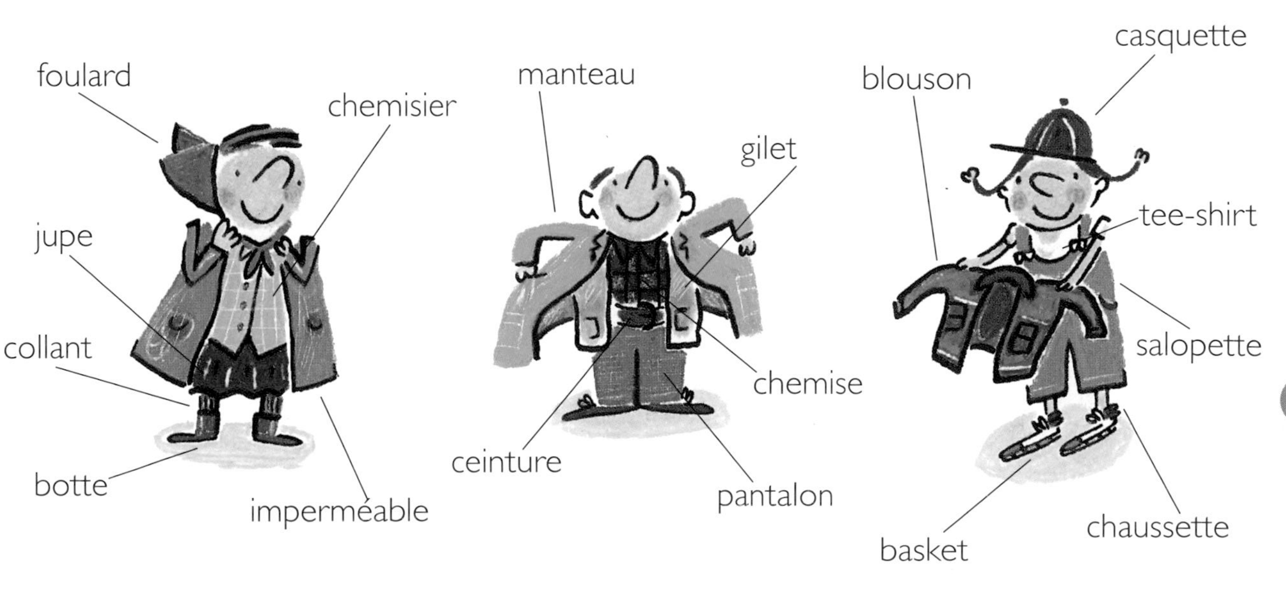

viande

La viande est la chair des animaux qu'on mange.
Le poulet, le bœuf, le mouton, le veau, le porc, le lapin sont des ***viandes****.*

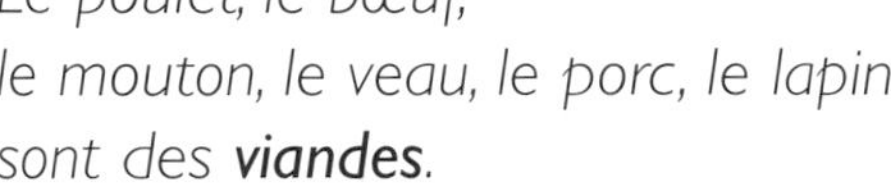

victoire

La victoire, c'est une bataille ou un match qu'on a gagnés.
Lors de la Coupe du monde de football de 1998, c'est l'équipe de France qui a remporté la ***victoire****.*

vide

Ce qui est vide n'a rien à l'intérieur.
Quand la carafe d'eau est ***vide****, Luc va la remplir au robinet de la cuisine.*

vidéo

La vidéo est un moyen d'enregistrer l'image et le son sur une cassette pour les passer sur la télévision.
Martine a une cassette ***vidéo*** *de ses vacances.*

vie

1. La vie, c'est le temps qui dure de la naissance à la mort.
Les éléphants ont une longue ***vie*** *: ils vivent plus longtemps que les hommes.*
2. C'est aussi ce qui se passe pendant qu'une personne vit.
Madame Duparc parle souvent de sa ***vie*** *à la ferme.*

vieux, vieil, vieille

1. Être vieux, c'est exister depuis longtemps.
L'arrière-grand-père de Thomas est ***vieux****.*
C'est un ***vieil*** *homme.*
2. C'est aussi ne pas être neuf.
Léa a trouvé une ***vieille*** *robe dans son grenier.*

vigne

La vigne est l'arbuste qui donne le raisin.
Le raisin est le fruit de la ***vigne****.*
C'est avec le raisin qu'on fait le vin.

vilain, vilaine

1. Être vilain, c'est être méchant.
*La poupée de Léa a été très **vilaine** ; Léa ne veut plus jouer avec elle.*

2. C'est aussi être très laid ou très mauvais.
*Il pleut très fort, Mélanie dit : « Quel **vilain** temps ! »*

---

village

Un village est un groupe de maisons.
Un village est plus petit qu'une ville.
*Thomas passe ses vacances dans un **village** au bord de la mer.*

---

ville

Une ville, c'est un ensemble de maisons, d'immeubles, de bâtiments où vivent un grand nombre de personnes.
*Paris, Londres, Rome, Berlin sont de très grandes **villes** d'Europe.*

---

vin

Le vin est une boisson faite avec le jus du raisin.
*Le **vin** est blanc, rouge ou rosé.*

vinaigre

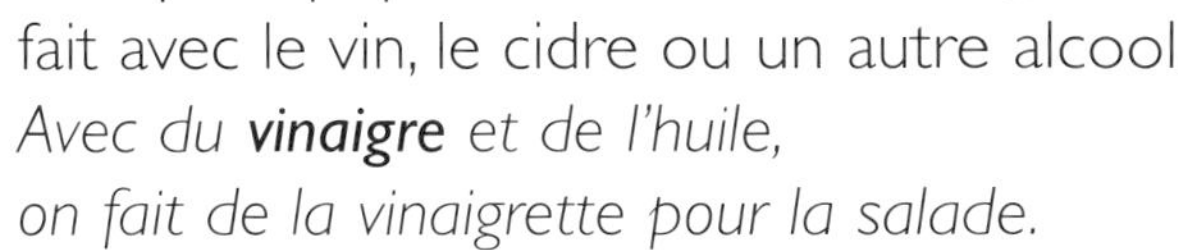

Le vinaigre est un liquide piquant, fait avec le vin, le cidre ou un autre alcool.
*Avec du **vinaigre** et de l'huile, on fait de la vinaigrette pour la salade.*

---

violent, violente

1. Être violent, c'est faire mal, frapper.
*Un éléphant en colère peut être très **violent**.*

2. C'est aussi être très fort.
*Un vent **violent** souffle sur la mer ; tous les bateaux sont restés au port.*

---

violon

Un violon est un instrument de musique à quatre cordes.
*Un violoncelle est plus gros qu'un **violon** ; il a un son plus grave.*

A B C D E F G H I J K L M N O P Q R S T U V W X Y Z

voisin, voisine

Un voisin est une personne qui habite juste à côté de chez soi.
*Camille se dispute souvent avec sa **voisine**.*

voiture

1. Une voiture est un véhicule qui a un moteur et quatre roues ; elle sert à transporter des personnes.
*La **voiture** du papa de Kévin est en panne.*

2. C'est aussi tout véhicule servant à transporter des choses ou des personnes.
*Autrefois, on voyageait en **voiture** à cheval.*

voix

La voix, c'est les sons que l'on fait avec sa gorge et sa bouche.
*En parlant, en criant, en chantant, on fait entendre sa **voix**.*

volant

Le volant, c'est ce qui permet de diriger un véhicule.
*Quand le conducteur tourne le **volant** de sa tondeuse, il fait tourner les roues.*

volcan

Un volcan est une montagne qui fume et qui crache du feu.
*Les cendres et la lave qui sortent du **volcan** viennent de l'intérieur de la terre.*

voler

1. Voler, c'est se déplacer dans les airs.
*Les oiseaux **volent** grâce à leurs ailes.*
2. C'est aussi prendre ce qui n'est pas à soi.
*Quelqu'un a **volé** le blouson de Paul ; c'est un voleur.*

vomir

Vomir, c'est rejeter ce qu'on a mangé.
*Léo **vomit** souvent quand il voyage en bateau.*

vouloir

1. Vouloir, c'est avoir envie de quelque chose.
*Thomas est fatigué. Il **veut** aller se coucher.*
2. C'est aussi être d'accord, accepter.
*Corinne **veut** bien jouer avec Théo.*
3. « Vouloir dire », c'est avoir comme sens.
*« Être joyeux » **veut** dire « être content ».*

voyage

Faire un voyage, c'est partir loin en voiture, en train, en avion ou en bateau, pour visiter une région ou un pays.
*Pour ses vacances, Benjamin est parti faire un **voyage** en Espagne.*

voyageur, voyageuse

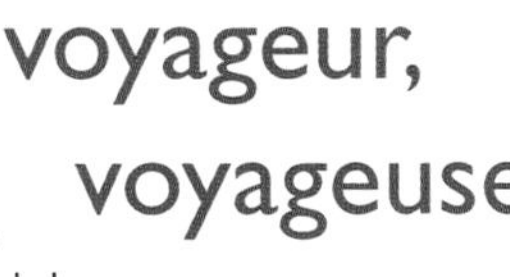

Un voyageur est une personne qui fait un voyage.
*Les **voyageurs** descendent de l'avion.*

vrai, vraie

1. Ce qui est vrai est exact, c'est la vérité.
*Ce que dit Juliette est **vrai**, elle ne ment pas.*
2. C'est aussi ce qui s'est vraiment passé et qui n'a pas été inventé.
*L'histoire du « Titanic » est une histoire **vraie**.*

vraiment

« Vraiment » veut dire « en vérité ».
*Les hommes ont **vraiment** réussi à aller sur la Lune.*

vue

1. La vue, c'est la possibilité de voir.
*Michel a une très bonne **vue**, il ne porte pas de lunettes.*
2. C'est aussi ce qu'on voit de là où l'on est.
*Du haut de la montagne, la **vue** est très belle.*

Dans cette image, retrouve les 8 mots commençant par w, x, y ou z

W w

wagon

Un wagon, c'est une voiture d'un train.
*La locomotive tire le **wagon**.*

Walkman

Un Walkman est un appareil qui sert à écouter des cassettes.
On porte cet appareil sur soi.
Un discman sert à écouter des C.D.

---

week-end

Week-end est un mot anglais qui veut dire « fin de semaine ».

*Le **week-end**, c'est le samedi et le dimanche.*

X x

xylophone

Un xylophone est un instrument de musique ; il est fait de plusieurs plaques de bois ou de métal qui sont les unes à côté des autres.
*On frappe les plaques du **xylophone** avec un petit marteau.*

yaourt

Un yaourt est un dessert fait avec du lait.
*Alice mange un **yaourt** à la fraise.*

Z z

zèbre

Un zèbre est un animal de la famille du cheval. Il vit en Afrique.

*Le **zèbre** a un pelage blanc, rayé de noir ou de brun. Il mange de l'herbe.*

zéro

Zéro est un chiffre ; il s'écrit 0.

*Jérémie n'a pas de bonbons dans sa poche. Il en a **zéro**.*

zigzag

Un zigzag est une ligne qui va tantôt dans un sens, tantôt dans l'autre.

*L'éclair fait des **zigzags** dans le ciel.*

zoo

Le zoo est un grand parc où l'on garde des animaux sauvages qui viennent du monde entier.

*Au **zoo**, il y a des lions, des singes, des girafes, des ours, des éléphants, des loups, des serpents…*

les **animaux** d'**ici**

les **animaux** des **pays chauds**

les **animaux** des **pays froids**

les **animaux** de la **mer**

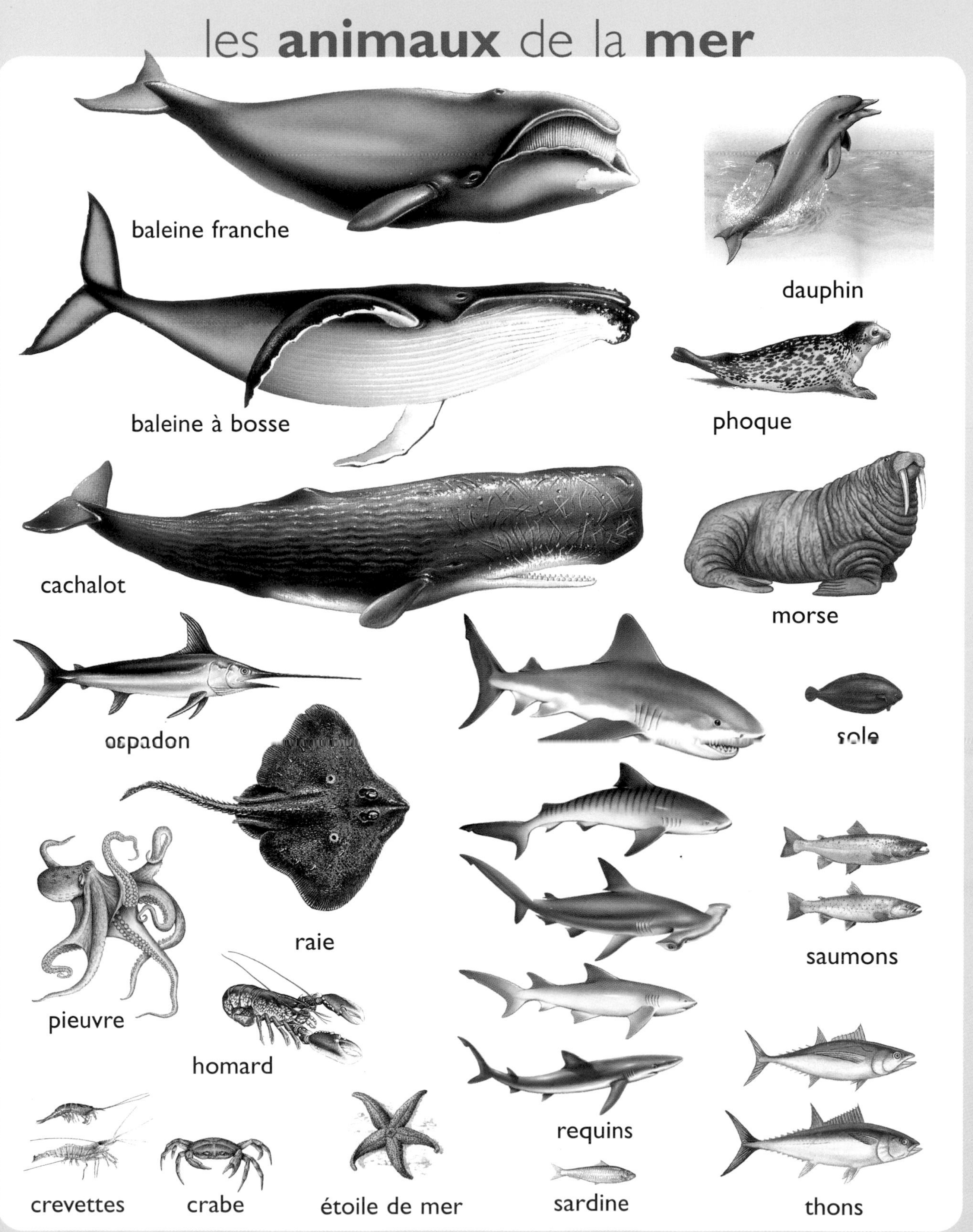

les **oiseaux**

canard
aigle
perroquet
chouette
hibou
oie
cygne
poule
rouge-gorge
poule d'eau
paon
goélands
cigogne
pingouin
manchot
faisan
flamant
rose

les insectes

les **arbres**

citronnier
chêne
sapin
châtaignier
épicéa
cyprès
peuplier
palmier
marronnier
pin
noyer
platane
baobab
hêtre
bananier
dattier
cocotier

les **fleurs**

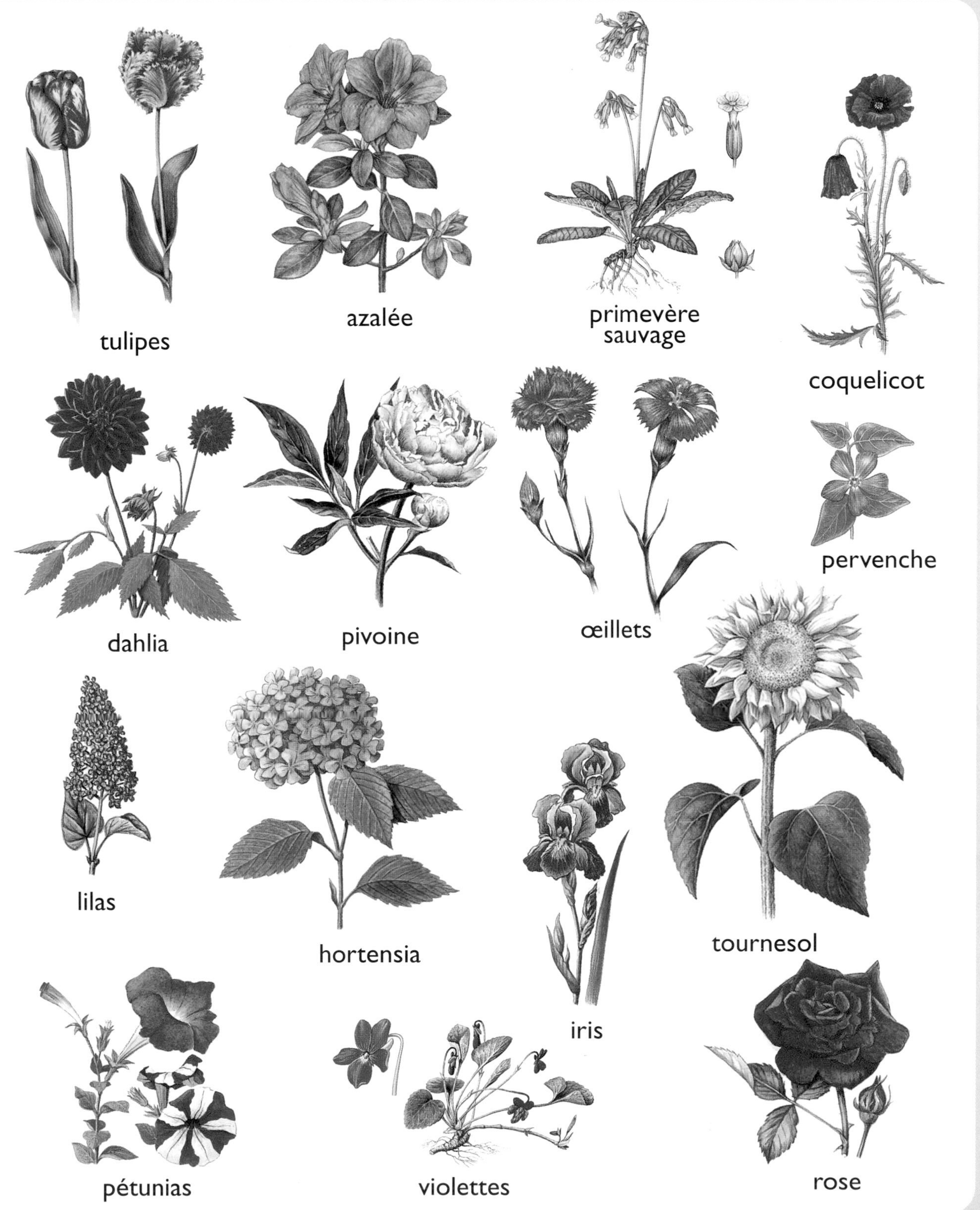
tulipes
azalée
primevère sauvage
coquelicot
dahlia
pivoine
œillets
pervenche
lilas
hortensia
iris
tournesol
pétunias
violettes
rose

les **fruits**

fraises
cerises
framboises
groseilles
oranges
pommes
poires
citrons
raisin blanc
raisin noir
avocat
myrtilles
tomates
pastèques
melons

les **légumes**

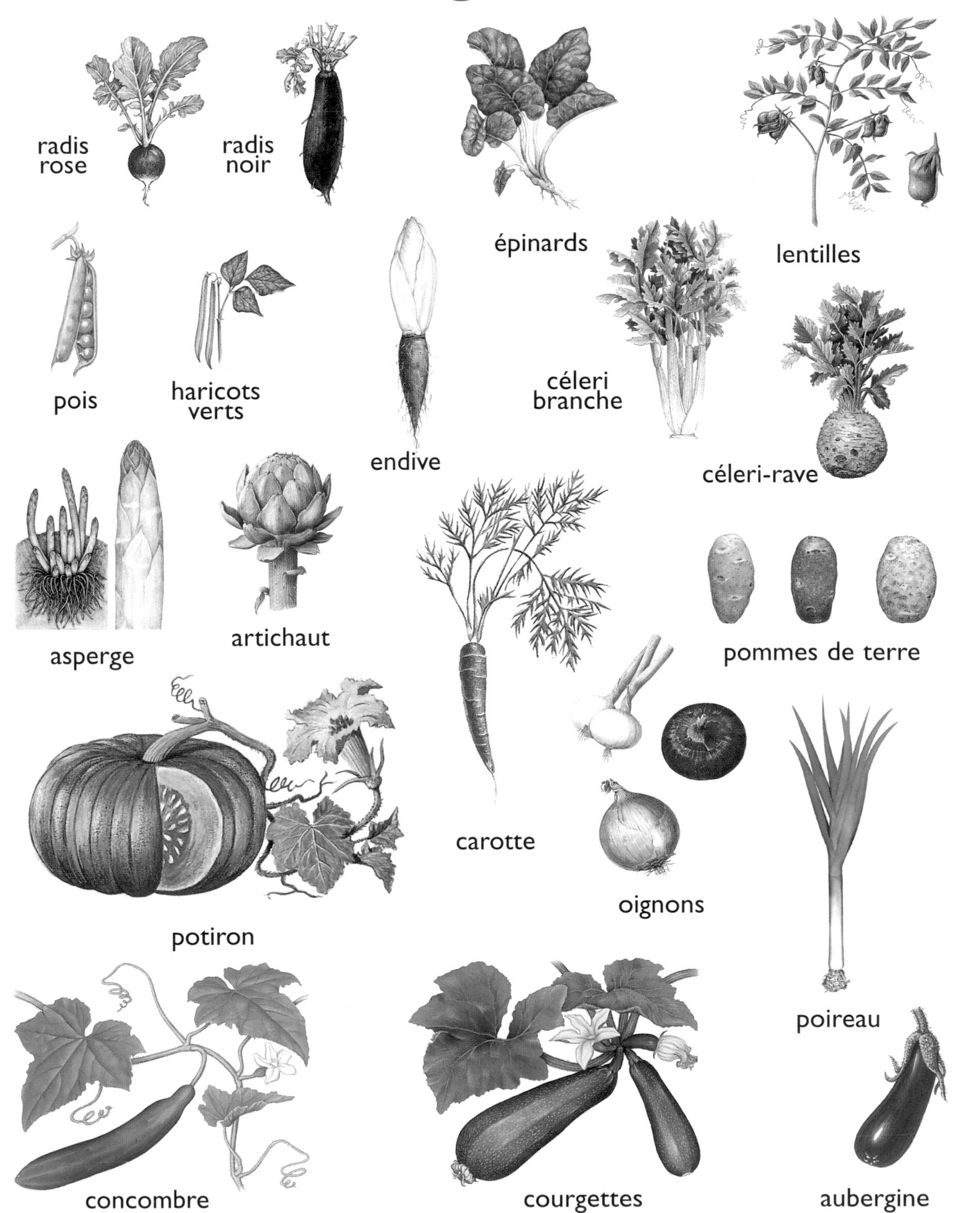

radis rose
radis noir
épinards
lentilles
pois
haricots verts
endive
céleri branche
céleri-rave
asperge
artichaut
carotte
pommes de terre
oignons
poireau
potiron
concombre
courgettes
aubergine

les **transports**

les **instruments** de **musique**

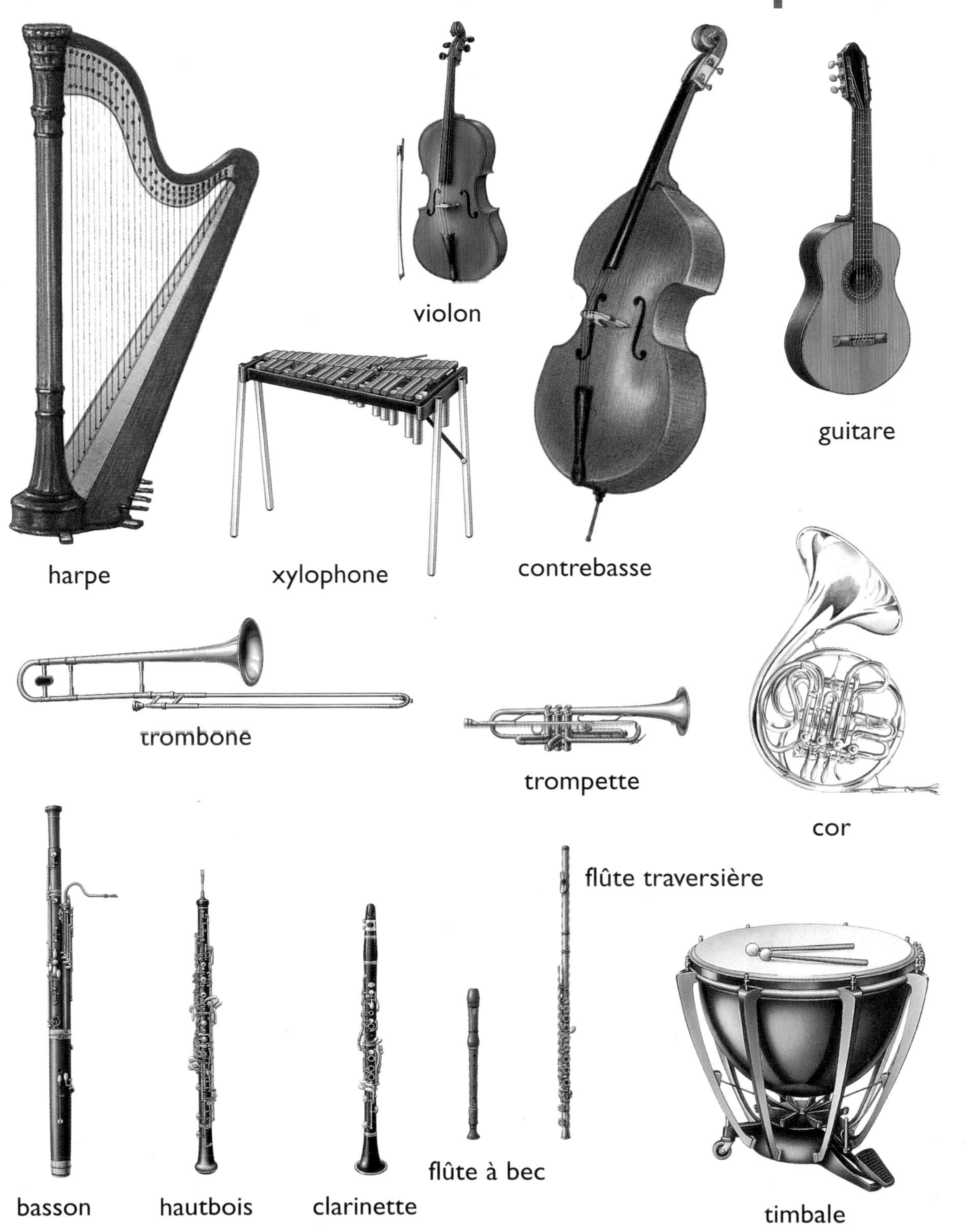

les **drapeaux**

les **drapeaux**

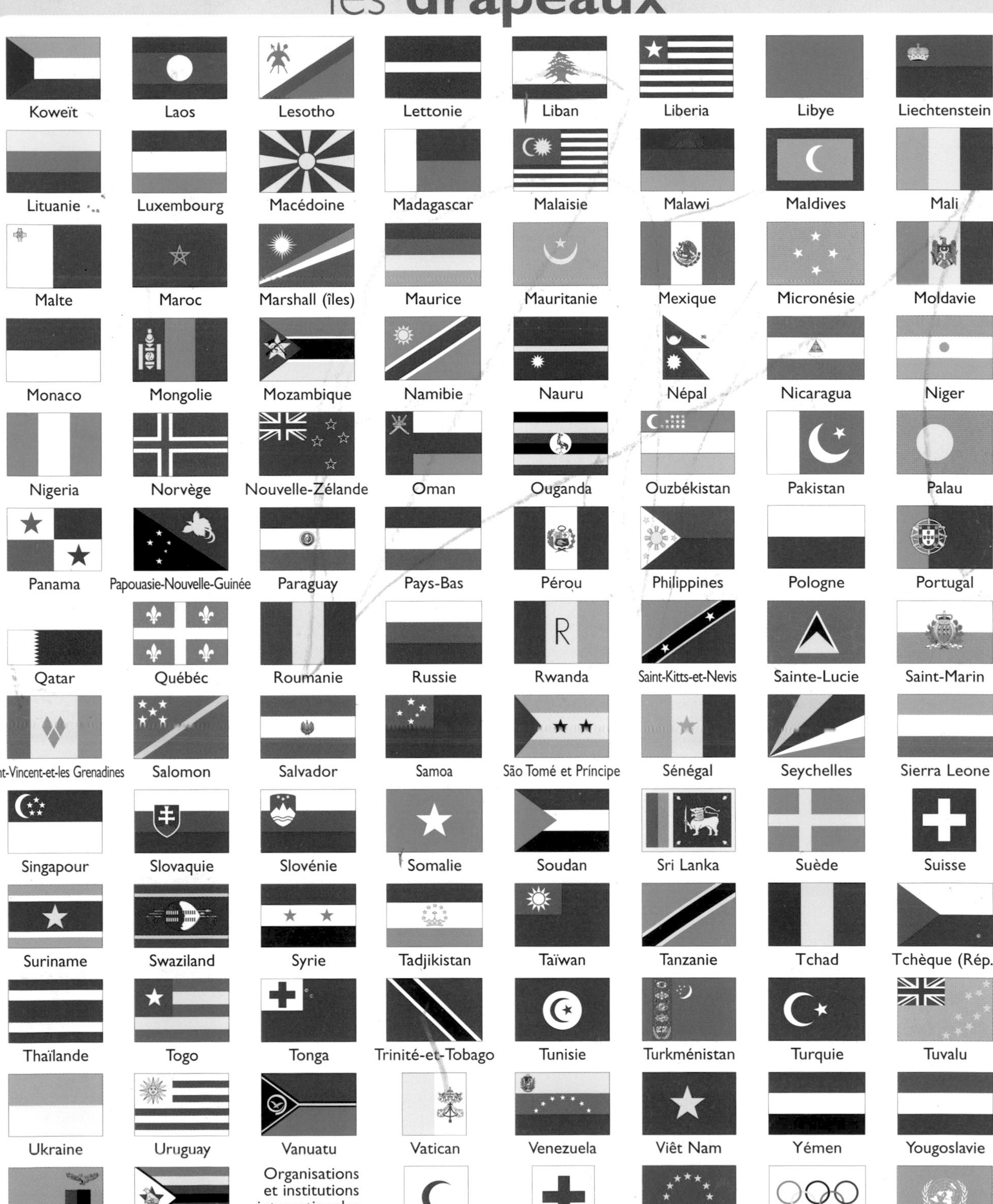

21, rue du Montparnasse 75 006 Paris. ISBN 2-03-653009-5.
Impression Tien Wah Press, Singapour, Photogravure Dupont, Paris.
Dépôt légal : septembre 1999. 653009-02. 10072871 (II) 45 (135) janvier 2000.
Conforme à la loi numéro 49 956 du 16 juillet 1949 sur les publications destinées à la jeunesse